解雇

弁護士・
元労働基準監督官
中野公義 [著]

裁判所の判断がスグわかる本

日本法令

はしがき

　「リストラしようかと考えているのだが」と相談を受けたときに「整理解雇の４要素とは〜」と説明したところで、相談者はどれだけ納得されるでしょうか？

　「協調性がなく勤務態度の悪い従業員を辞めさせたい」といった相談者について、何が問題となるか具体的にアドバイスできるでしょうか？

　本書は、およそ過去５年間の「労働判例」（産労総合研究所発行）に掲載された裁判例を中心に、解雇及び懲戒解雇を理由とする法律上及び事実認定上の裁判所の判断を整理してまとめたものです。そのタイトルからもわかるように、拙著『〔労働時間・残業代〕裁判所の判断がスグわかる本』及び『〔パワハラ・セクハラ〕裁判所の判断がスグわかる本』の姉妹本です。

　世の中に、残業代や解雇を含む労働事件に関する書籍は数多く出版されており、実務上有用なものも少なくありません。しかし、内容があまりにも高尚すぎ、実務に携わる者として、その内容を実務にフィードバックするハードルの高さを常々感じていたところです。

　そこで、労働紛争の行き着くところは裁判所である以上、裁判所の判断になるべく容易にアクセスでき、かつ、実務にフィードバックしやすい書籍を提供することを目的として本書の執筆を開始しました。

　本書は、名もなき弁護士が、複数の裁判例から、特徴的な判断を取り出し、並べ替えてまとめるという単純作業（肉体労働）をしただけのものです。崇高な見解や高度な技術論又は即効性のある方法論は含まれておらず、本書を読むだけで労働事件のスペシャリストとなることはできません。

　しかし、掲載された各裁判例の有する特徴的な判断に短時間で、効率よく接することができ、本書を携えるだけで、労働事件に関する「引き出し」は、格段に増えるはずです。

整理解雇の相談を受けた時、４要素それ自体の説明を受けても相談者は納得しません。相談内容の実情を踏まえ、それを４要素に当てはめて具体的な説明をすることができる必要がありますし、「このような裁判例があります」と付け加えることができれば、説得性が格段に増すはずです。

　また、「協調性がない」「勤務態度が悪い」という抽象的な理由が、事実によって具体的に裏付けられなくてはなりません。そして、解雇することも相当だといえる程度にまで至っていることが、証拠により証明できる必要がありますが、裁判例の中には、判断の根拠となる証拠が必ず示されています。「このような資料は残っていますか？」という視点が、相談対応の質を高めてくれるはずです。

　筆者もそうですが、具体的な事件を通じて経験し、学ぶことには限りがありますし、その経験だけで、次に依頼される未知なる事件に対応することはできません。裁判所の判断を学ぶことは、これから出会うであろう労務や労働事件に取り組むにあたって、必ず自分を助けてくれるはずです。

　「裁判所の判断がスグわかる本」は、本書と同時期に発刊される『〔雇止め〕裁判所の判断がスグわかる本』と合わせて、４冊を世に送り出していただくこととなりました。初めての書籍の執筆から数年間でこのような機会をいただくことになるとは予想だにしておりませんでした。

　行政経歴が特に長いとはいえず、弁護士としてもまだまだ未熟な筆者に対して、このような貴重な機会を与えてくださった数多くの関係者の方々には、大変感謝しております。特に、膨大な校正等の作業にご尽力くださった八木さんに対しては、この場をお借りして、改めてお礼申し上げたいと思います。

　最後に、実務をこなしながら、体系的に労働法や裁判例を学ぶだけの余裕に恵まれる方はいないと思われます。本書が、実務で活躍される多忙な方々の、必携の書となれば幸いです。

令和２年８月　弁護士　中野公義

第3章　労働契約法による解雇無効（普通解雇）

第4章　労働契約法による解雇無効（懲戒解雇）

第5章　保全手続

＜巻末資料＞

第1章
解雇に関する基礎知識

　本章は、解雇に関する労働事件に携わるために、必要最低限の労働関係法令及び判例法理について、説明するものです。

　労務に携わっていれば、「従業員に辞めてほしい」という相談を受けることは比較的多くあることかと思いますが、その理由が「仕事ができない（能力不足）」という場合と「業務縮小のため（整理解雇）」とでは、解雇してよいかどうかを判断する上で考慮すべき事情は異なってきます。

　また、労働者が、妊娠中の女性であった場合や労働組合の組合員であった場合等、属人的な事情を有するときには、そのことに注意しなければならないこともあります。

　本書は、裁判所の判断を業務に活用しやすくするために、次章以降で、各種の論点ないし要件毎にその判断を紹介するものです。労働関係法令及び判例法理を知らずに、過去の裁判所の判断を押さえるということだけでも実務上有用ではありますが、やはり、そのような知識を備えている場合とそうでない場合とでは、その裁判例が問題とする論点やその判断から得られる視点が異なってくるはずです。

　そのため、労働関係法令及び判例法理について一般的な知識を有する方は、本章は読み飛ばしてくださって構いませんが、必要に迫られて本書を手に取られた方や、解雇についての個別労働紛争にあまり馴染みのない方については、ぜひ、本章をご一読ください。

❶ 解雇及び労働基準法等による制限

（1）定義 〜解雇とは？〜

> **Q**
>
> 「解雇」とはどのようなことをいいますか。

> **A**
>
> 解雇とは使用者からの労働契約の一方的な解約のことをいいます。

【問題の所在】

　「解雇」については、労働契約法16条に無効となる場合が規定されているほか、労働基準法などでは、それが制限される場合が規定されています（例えば、同法19条1項本文）。

　そのため、労働者が退職するにあたり、使用者及び労働者が、その退職事由について「解雇」だと認識していても、これらが適用されるべきケースにあたるかどうかが問題となります。

【民法の規定】

　民法627条1項は、期間の定めのない労働契約（雇用契約）について「各当事者は、いつでも解約の申入れをすることができる。この場合において、雇用は、解約の申入れの日から二週間を経過することによって終了する。」と規定しています。

　つまり、民法は、使用者のみならず労働者からの雇用契約の解約の申入れについて、双方が、理由を問わず、自由に行えるものとし

ています。

　もっとも、民法は、使用者と労働者を対等平等な関係にあるものと位置付けていますので、現代社会における使用者と労働者の力関係の差を考慮するものではありません。

　そこで、労働基準法や労働契約法は、使用者からの解約、つまり「解雇」については、場合によっては効力を否定したり、一定の制限を設けたりしています。

【辞職と合意退職】

　なお、労働者からの解約を「辞職」といい、民法627条1項が規定するように、使用者の意思によらず、契約が終了することとなります。これに対して、「合意退職」は、一方からの解約の申込みに対して他方が承諾することにより契約を終了させる合意が成立することとなりますので、辞職とは異なります。

(2) 解雇制限 ～どのような場合に解雇が制限されるか～

Q

「解雇制限」とはどのようなことをいいますか。

A

法律が「解雇してはならない。」「解雇その他不利益な取扱をしてはらない。」などと規定して、解雇を制限していることをいいます。

【問題の所在】

　労働契約自体は民事上の契約であり、契約自由の原則や民法の規定からすれば解雇は自由に行い得るはずです。

　しかし、労働契約については、使用者と労働者の力関係から、国が、その解雇権の行使自体を制限することがあります。このとき、それに反して解雇をしても、その効力は否定されることになります。

【解雇制限】

　次のような場合の解雇が法令により制限されています。

> ・業務災害により休業する期間及びその後30日間（労働基準法19条1項）
> ・産前産後の休業期間及びその後30日間（同上）
> ・申告をしたことを理由とする解雇（同法104条2項等）
> ・婚姻したことを理由とする解雇（均等法9条2項）
> ・妊娠又は出産等を理由とする解雇（同法3項）
> ・育児又は介護休業の取得等を理由とする解雇（育介法10条、16条）
> ・労働組合員であることを理由とする解雇（労組法7条）
> ・公益通報をしたことを理由とする解雇（公益通報者保護法3条）

　これらの規定では、解雇やその他不利益な取扱いを「してはならない」とされていますので、これに反したときには、解雇の効力が否定されるだけでなく、行政機関から是正を求められ、さらには刑事上の罰則の対象となる場合もあります。

　また、民事上では、違法な解雇として損害賠償義務（慰謝料）を負わされることもあります。

（3）解雇のための手続規定 〜予告期間or予告手当〜

Q

解雇の手続について、法令による規制はありますか。

A

30日以上の予告期間を設けなければならないなどの制約があります。

【問題の所在】

　民法上、解雇は、解約の申入れとして意思表示によって行うこととなりますが、それ以外の手続上の規定は特にありません。

　しかし、労働基準法等により、解雇に関して、特別な手続が規定されていますので、それらを遵守する必要があります。

【解雇事由の明示及び規定】

　使用者は、労働契約の締結に際し、労働者に対して労働条件を明示しなければならないものとされています（労働基準法15条1項）。その中に、「退職に関する事項（解雇の事由を含む。）」と規定されています（同法施行規則5条4号）。

　また、就業規則を作成しなければならない場合には、同様に「退職に関する事項（解雇の事由を含む。）」を規定しなければなりません（同法89条3号）。

【30日以上の予告期間】

　民法627条1項は、解約の申入れ（解雇の意思表示）の日から2週間を経過することにより解雇の効力（契約の終了）が生じるものと規定していますし、「いつでも」することができると規定しています。

　しかし、労働基準法20条は、少なくとも30日前に予告をしなければならないと規定しています。予告期間が不足する場合には、その日数分以上の平均賃金（解雇予告手当）を支払わなければならないこととなります。

　ただし、行政官庁の認定（解雇予告除外認定）を受けて、労働者の責めに帰すべき事由等に基づいて解雇する場合には、予告期間を置くことや解雇予告手当を支払う必要はありません。

なお、この規定は、国が定めた規制であるため、これに違反すれば行政指導の対象となり、刑事罰を科せられることもありますが、解雇の効力ということだけでいえば、即時解雇の効力が生じないだけで、30日の期間が経過するか予告手当の支払いをした時に解雇の効力が生じるものと解されています（昭和35年3月11日最高裁判決・細谷服装事件）。

　また、労働者の責めに帰すべき事由により解雇する場合は、行政官庁の認定があってもなくても、解雇の効力は否定されません（昭和29年9月28日最高裁判決）。

【解雇理由証明書の交付】

　労働者から請求されたときには、使用者は、解雇の理由を記載した解雇理由証明書ないし退職証明書を交付しなければなりません。

　これは、労働者が解雇の効力を裁判手続等で争う場合に、解雇の理由を証明する資料とするためです。

❷ 普通解雇の権利濫用無効

（1）労働契約法16条 ～解雇が無効となる場合～

> **Q**
> 解雇制限に違反する以外で、どのような場合に解雇の効力が否定されますか。

> **A**
> 解雇権を濫用したと認められる場合に無効となります。

【問題の所在】

　民法上、解雇の効力を否定する規定があるとすれば、権利の濫用（民法1条3項）、公序良俗違反（民法90条）などが考えられるところですが、これらは一般条項であるため、どのような要素に着目して効力が否定されるのかが明らかでありません。

　そこで、民法の特別法である労働契約法は、解雇が権利を濫用したものとして無効となる場合の要件を規定しています。

【労働契約法16条】

　労働契約法16条は、「客観的に合理的な理由を欠き、社会通念上相当であると認められない場合」、解雇は権利を濫用したものとして無効とすると規定しています。

　そのため、例えば、労働者を嫌悪して解雇するような場合には客観的に合理的な理由があるとは認められませんし、解雇の理由に比較して労働者としての身分を喪失させることが不利益として過大な

場合には、社会通念上相当とは認められません。

【労働契約法17条】

　労働契約法17条は、期間の定めのある労働契約（有期労働契約）について、「やむを得ない事由がある場合」でなければ契約期間が満了するまでの間において、解雇することができないと規定しています。

　期間が満了すれば労働契約が終了するにもかかわらず、また、期間について合意したにもかかわらず、それを待たずに解雇しなければならないというだけの理由が必要となりますので、労働契約法16条の「客観的に合理的な理由」よりもハードルが高いものと考えられています。

【労働契約法15条】

　労働契約法15条は、労働契約法16条の場合と同様に、懲戒処分について、「客観的に合理的な理由を欠き、社会通念上相当であると認められない場合」、懲戒処分は権利を濫用したものとして無効とすると規定しています。

　同じ解雇であっても、懲戒解雇については、労働契約法15条によりその効力が判断されることとなります。

　ただし、この場合「労働者の行為の性質及び態様その他の事情」が考慮され、その上で社会通念上相当と認められることを要するものとされています。

(2) 解雇事由の分類 ～整理解雇が難しい理由～

> **Q**
>
> 解雇について、その理由を分類した場合、どのようになりますか。

一般的に、使用者の都合による場合、労働者に問題がある場合及び労働組合のユニオンショップ協定による場合に分けられます。

【問題の所在】

　民法の意思表示については、詐欺（民法96条1項）のように、取消しによって無効となる場合もあれば、虚偽表示（民法94条1項）のように、取消しを要することなく無効となる場合もあります。その理由は意思表示の瑕疵の程度が異なると考えられているからです。

　それと同様に、解雇の有効性を判断するにあたっても、ある特定の類型の理由による解雇については、その有効性が厳しく判断される、あるいはその反対となる場合があると考えることも自然といえます。

【使用者の都合】

　いわゆる整理解雇のように、人件費削減や事業規模の縮小等、経営上の判断に基づく解雇があります。この場合、労働者には解雇されるだけの落ち度がないため、一般的には、有効性が厳しく判断される傾向にあります。

　また、事業廃止に伴う解雇も使用者の都合によるものに分類されますが、使用者には事業を継続するかどうかの自由がありますので、整理解雇のように厳しい判断がされる場合にあたるとはいえません。

【労働者に問題がある場合】

　労働者に解雇となる原因がある場合は、大まかに分けて、①能力不足等労働者としての能力・適格性を欠く場合と、②職場における

ハラスメント行為のように規律に違反した場合に分けられます。

　①の場合には、能力・適格性を欠くとの判断が妥当かどうかが、この場合の問題として先鋭化します。例えば、能力不足を理由とするのであれば、指導を受け能力を向上させるだけの機会が十分に確保されたかどうか、私傷病による長期欠勤（休職）を理由とするのであれば、就労するだけの能力を欠いた状態にあったといえるかどうかが争いとなります。

　②の場合には、解雇の理由としてそのような事実があったかどうかが争いとなるだけでなく、解雇を選択することが相当かどうかも問題となります。例えば、遅刻をしたという理由だけでいきなり解雇することは相当ではありません。注意を与え、その分の賃金を減額するという対応でまずは足りるからです。

【ユニオンショップ協定がある場合】

　ユニオンショップ協定とは、使用者が、労働組合との労働協約において、その労働組合に加入しない労働者及び組合員でなくなった者を解雇する義務を負うことを内容とする協定です。

　個別労働紛争ではほとんど問題となりませんが、一応、解雇理由の一つとして存在することだけ知っておいてください。

（3）整理解雇の４要素 〜裁判例の蓄積〜

Q

整理解雇の場合、どのような要素が考慮されますか。

A

これまでの裁判例によって、①人員削減の必要性、②解雇回避努力、③人選の合理性、④手続の相当性の４つの要素を総合考慮して判断されることが一般的となっています。

【問題の所在】

　整理解雇は労働者に落ち度がないため、その有効性の判断は厳しく行われるべきといえます。

　しかし、法律には「客観的に合理的な理由」と「社会通念上相当」との規定しかないため、どのような点に着目して判断すべきか明らかではありません。

【整理解雇の４要素】

　これまでの裁判例により、次の４つの要素に着目して判断されることが一般的となっています。

- ①　人員削減の必要性
- ②　解雇回避努力
- ③　人選の合理性
- ④　手続の相当性

　①は、経営上、そうするだけの必要性があったかどうかの判断です。使用者は、整理解雇に及んでいる以上、経営者として必要があると判断したものですので、裁判所が真っ向から否定することはあまりありません。その代わり、必要性の程度について言及する裁判例があります。

　②は、早期退職者を募集するなどして、解雇による人員削減を回避するための努力をしたかどうか、それでも解雇しなければならないという状況にあったのかが判断されます。

　③は、整理解雇に名を借りた恣意的な人選を防ぐためです。

　④は、労働組合との交渉を経たかどうか、労働者に対して十分な説明を行った上、整理解雇に及んだかどうかということなどが判断されます。

なお、この４つの要素は、すべて満たされなければ有効とならない「４要件」との考えもあったようですが、裁判例では、要件ではなく有効性判断の要素として、総合的に考慮されているようです。

（4）内定取消し 〜法律の規定？〜

Q

採用内定取消しがなぜ問題となるのですか。

A

採用内定により労働契約が成立したと認められ、その取消しは解雇（解約）にあたるからです。

【問題の所在】

　労働契約法や労働基準法には、「内定」について明確に定義した規定がありません。そのため、それを取り消す場合、使用者が自由に行えるのか、あるいは解雇と同様に何らかの制限に服すのか問題となります。

【最高裁判例】

　昭和54年７月20日最高裁判決（大日本印刷採用内定取消事件）は、採用内定の法的性質を一義的に論じることは困難であるとしながらも、その事件において、定期採用試験に応募し、採用内定通知を受けた大学卒業見込者（内定者）と会社との間に、内定者が採用内定通知の受領後に提出した誓約書記載の採用内定取消事由に基づく解約権を会社が留保し、内定者の大学卒業直後を就労の始期とする、労働契約が成立したと判断しました。

　この事件では、採用内定通知後、労働契約締結のための特段の意思表示をすることが予定されていなかったことが考慮され、内定者が定期採用試験に応募したことが労働契約の申込みであり、採用内

定通知がその申込みに対する承諾であったと認められたものです。

　その結果、採用内定取消しは解雇（解約権の行使）としての性質を有することとなります。

　そのため、同裁判例は、この場合の留保された解約権による採用内定の取消事由について、採用内定当時知ることができず、また知ることが期待できないような事実であって、これを理由として採用内定を取り消すことが解約権留保の趣旨、目的に照らして客観的に合理的と認められ社会通念上相当として是認することができるものに限られるとしています。

　上記裁判例は、「採用内定」＝「労働契約の成立」という一般論を提示したものではありません。そのため、採用内々定の取消しについて、労働契約が成立したと主張して損害賠償を請求した裁判例（平成22年6月2日福岡地裁判決）もありますが、多くの事業者が用いる採用内定については、この最高裁判例と同様の考え方があてはまり、労働契約の成立を認めてよいものと思われます。

③ 懲戒解雇と権利濫用無効

（1）労働契約法15条 〜解雇と懲戒解雇の違い〜

Q

懲戒解雇は、就業規則に規定がなくとも行うことはできますか。

A

懲戒事由が規定され、懲戒の種類に懲戒解雇が規定されていなければ懲戒解雇（懲戒処分）はできません。

【問題の所在】

懲戒処分と普通解雇（以下、懲戒解雇と区別する意味で「普通解雇」といいます）は、それぞれ異なる制度だといえますが、懲戒解雇と普通解雇では、雇用関係を終了させるという意味では異なりません。

そこで、懲戒解雇がどのようなものとして捉えられていて、どのような点で普通解雇と異なるかが問題となります。

【定義等】

昭和58年9月8日最高裁判決（関西電力事件）は「労働者は、労働契約を締結して雇用されることによって、使用者に対して労務提供義務を負うとともに、企業秩序を遵守すべき義務を負い、使用者は、広く企業秩序を維持し、もって企業の円滑な運営を図るために、その雇用する労働者の企業秩序違反行為を理由として、当該労働者に対し、一種の制裁罰である懲戒を課することができる」と述

べています。

　つまり、懲戒解雇（懲戒処分）は、企業秩序違反に対する制裁罰であり、適格性を欠く（労務の提供を期待できない）といった理由等で行われる普通解雇とは性質が異なるものといえます。例えば、懲戒解雇された場合に、退職金を不支給とする規定が多く見受けられるのはこのことを反映したものだといえます。

【懲戒規定の必要性】

　平成15年10月10日最高裁判決（フジ興産事件）は「使用者が労働者を懲戒するには、あらかじめ就業規則において懲戒の種別及び事由を定めておくことを要する」「そして、就業規則が法的規範としての性質を有するものとして、拘束力を生ずるためには、その内容を適用を受ける事業場の労働者に周知させる手続が採られていることを要するものというべきである。」と述べています。

　このことから、就業規則に懲戒に関する規定（懲戒事由及び懲戒の種類とその内容）が規定されていなければ、懲戒解雇（懲戒処分）は行えないことがわかります。

　このことは、労働契約法15条が、同法16条と異なり、懲戒処分の有効要件として「懲戒することができる場合」と規定していることに現れています（就業規則を作成していなかったとしても、普通解雇を行う権利が否定されないことは当然のことであり、このような点でも、懲戒解雇と普通解雇の違いをご理解いただけるかと思います）。

（2）懲戒事由の追加
～使用者が認識していなかった非違行為～

Q

売上金を着服した労働者を懲戒解雇したところ、裁判で懲戒解雇が無効だと主張されています。この度、経歴詐称も明らかとなったため、これも懲戒解雇の理由として主張することは可能でしょうか。

A

売上金の着服と経歴詐称が密接に関連するような場合でない限りは、主張することはできません。

【問題の所在】

懲戒解雇（懲戒処分）を行ったことに対し、労働者が、裁判手続等でその有効性を争うことがあります。

このときに、その懲戒解雇（懲戒処分）の理由となった懲戒事由以外の事実を懲戒の理由として主張し、その有効性の根拠とすることができるでしょうか。

【最高裁判例】

平成8年9月26日最高裁判決（山口観光事件）は「使用者が労働者に対して行う懲戒は、労働者の企業秩序違反行為を理由として、一種の秩序罰を課するものであるから、具体的な懲戒の適否は、その理由とされた非違行為との関係において判断されるべきものである。したがって、懲戒当時に使用者が認識していなかった非違行為は、特段の事情のない限り、当該懲戒の理由とされたものでないことが明らかであるから、その存在をもって当該懲戒の有効性を根拠付けることはできないものというべきである。」と述べています。

ここでも述べられているように、懲戒解雇（懲戒処分）が企業秩序違反行為に対する一種の秩序罰を課すものである以上、その手続きは厳格なものとならざるを得ません。

　懲戒解雇（懲戒処分）も普通解雇も労働契約の終了という効果に向けられて行われる法律行為ではありますが、前者が、企業秩序からの追放という罰を課すことを目的とするものであるのに対して、後者は、労働契約の目的を達することができないことを理由として契約関係からの離脱を目的として行われるものです。

　このような違いに由来して、懲戒解雇（懲戒処分）については、普通解雇の場合と異なった配慮が必要だということが理解できます。

（3）手続保障 ～弁明手続の付与～

Q

労働者の言い分（弁明）を聞かずに懲戒解雇とした場合、懲戒解雇の有効性に影響はありますか。

A

相当性を欠く違法な懲戒解雇（懲戒処分）として無効となります。

【問題の所在】

　一般的に、ある制度の中で、その構成員が不利益を課される場合においては、刑事手続と同様の制約に服することとされています。

　そこで、懲戒解雇（懲戒処分）を行う場合においても、刑事手続と同様な制約に服するのかが問題となります。

【相当性】

　労働契約法15条は、「当該行為の性質及び態様その他の事情に照らして、客観的に合理的な理由を欠き、社会通念上相当であると認

められない場合」には当該処分が権利濫用により無効になると規定しています。

　ここでの「社会通念上相当」とは、実体面と手続面での相当性を含むものと理解されています。

　つまり、同種の懲戒事由については同程度の懲戒とすべきとする公平性（実体面）だけでなく、懲戒とするまでの手続も手続的正義に反しないもの（手続面）とすることが要請されるということです。

　ここで、手続的正義として中心的な内容をなすものは、弁明の機会を付与することです。労働者に対し、具体的な懲戒事由を示した上で、それに対する弁明を求め、その結果を踏まえて懲戒解雇（懲戒処分）とするかどうかが判断されるべきだということになります。

　この手続を怠った場合には、懲戒事由が存在し、それが客観的に合理的な理由といえ、懲戒の内容が公平性を満たしていたとしても、手続が相当性を欠くという理由で、当該懲戒解雇（懲戒処分）は無効となります。

第2章

解雇制限による解雇無効

　解雇が制限される場合を、法令が規定していることがあります。

　本章では、実際に行われた解雇について、解雇制限の規定が適用される場合であることを理由にその効力が争われた裁判例をもとに、解雇制限の規定及び実務上注意すべき事項等を説明します。

　なお、解雇制限の規定に反して行われた解雇は、民事上の効力が否定されるだけでなく、行政指導の対象となり、あるいは捜査の対象として刑事罰を課すべきと判断され書類送検となる場合もあります。

　また、本書では扱いませんが、解雇が労働組合法の不当労働行為にあたるとの理由で、個別労働紛争でなく、集団的労使紛争として労働委員会に事件が係属する場合もあります。

1 労働基準法19条

(1) 1項本文違反の解雇の効力
～「解雇してはならない」とは？～

> **Q**
>
> 労働基準法19条1項本文は、業務上負傷した労働者について「解雇してはならない。」と規定していますが、解雇した場合どうなりますか。

> **A**
>
> その解雇は無効となり、労働契約終了の効果は生じません。

【問題の所在】

　労働基準法20条1項に違反して、30日前の予告をしなかったとしても、即時解雇に固執しない限りは、解雇の意思表示の時から30日を経過すると解雇の効力が生じると解されています（昭和35年3月11日最高裁判決・細谷服装事件）が、同法19条1項本文に違反した解雇については、どのような取り扱いとなるのでしょうか。

　裁判例：解雇を無効と判断したもの

　平成28年8月31日東京高裁判決（100・東芝（うつ病・解雇・差戻審）事件）は、原審の行った判断について「本件解雇は労働基準法19条1項本文及びこれと同趣旨の1審被告（注：使用者）の就業規則27条に違反するから無効である」と述べています。

要するに、労働基準法19条1項本文に反する解雇は無効となります。

　この裁判例の事実経過は、労働者が平成13年5月下旬から体調不良（うつ病状態）を理由に欠勤を開始したところ、使用者から休職の発令を受け、同期間満了により平成16年9月9日付けで解雇となったものでした。

　労働者は、平成16年9月8日、労働基準監督署長に対し労災請求を行い、同請求は平成18年1月23日に不支給処分となりましたが、平成21年5月18日、東京地裁により、業務起因性が認められるとして、その処分が取り消されました。

　その結果、この裁判例の原審においても、労働者のうつ病に業務起因性が認められると判断し、平成16年9月9日付けの解雇が、「労働者が業務上」「疾病にかかり療養のために休業する期間」に行われたものとして無効と判断されました。

(2) 休職期間満了
～「自然退職」に労働基準法19条の適用はあるか？～

Q

休職期間満了による解雇ではなく自然退職となった場合、労働基準法19条1項本文を理由に退職を争うことはできますか。

A

できますが、同法違反が直接の理由となるかについては、休職規定を確認する必要があります。

【問題の所在】

　労働基準法19条1項本文に違反した解雇については無効となりますが、就業規則に休職期間満了により「自然退職」となる旨を規

定していた場合において、自然退職となった労働者が同条を理由に退職を争うことはできるでしょうか。

裁判例：労働基準法19条1項本文に反して無効と判断したもの

　平成26年7月9日静岡地裁判決（41・社会福祉法人県民厚生会ほか事件）は、休職期間が満了することを理由とする退職処分について、労働者が「業務上『疾病にかかり療養のために休業する期間』にされたものと認められるから、労働基準法19条1項本文に反して無効というべきである。」と述べています。

　この事件では、労働者に対する労働基準監督署長による労災給付も行われていたこともあり、労働者の発症した適応障害に業務起因性を認めたものです。

【補足説明】

　もっとも、この裁判例の労働基準法19条1項本文に反するという理由付けは、やや正確性を欠いたものではないかと思われます。

　この事件の使用者は、就業規則において「業務外の傷病」による休暇が一定期間を超えた場合に休職を命ずると規定しています。そして、休職期間が満了しても休職事由が引き続き存するときは「退職とする」と規定していますので、上記退職処分も、「業務外の傷病」を前提に行われたものといえます。

　そのため、労働者の休暇の原因となった適応障害が業務上のものと認められた以上は、就業規則の休職規定を適用する「業務外の傷病」という前提を欠くこととなります。

　したがって、この事件では、休職及びその期間満了による退職となる旨の規定を適用する前提を欠きますので、退職処分は無効というのが正確な理由付けとなるものと思われます。

裁判例：精神障害の悪化に業務起因性を認めたもの

　平成26年２月27日京都地裁判決（32・エム・シー・アンド・ピー事件）も、休職期間満了による退職について、精神障害の悪化について業務起因性が認められることを理由に無効と判断しました。

　就業規則には、「業務外の傷病」により欠勤が３か月以上にわたる場合に休職となる旨及び休職期間が満了し復職させられないときは退職となるとの規定がありました。

　裁判所の認定では、労働者は、遅くとも平成21年３月までにはうつ病を発症し、平成21年８月から平成22年２月まで休職していたところ、平成22年３月には、復職できる程度に回復してリハビリ勤務を行いました。平成23年６月には休職前と同じ条件で勤務を行っていましたが、リハビリ勤務時より業務量が増えたこと等により体調が悪化し、使用者から複数回かつ長時間に及ぶ違法な退職勧奨を受けたことによりうつ病が悪化し、平成23年９月からの休職に至っています。

　判決文からは、労働者は、労働基準監督署長から労災と認定された事実は認められませんが傷病手当金を受給しており、裁判所は、労働者のうつ病について、「平成23年８月22日以降の被告（注：使用者）の原告（注：労働者）に対する退職勧奨は、原告が退職の意思のないことを表明しているにもかかわらず、執拗に退職勧奨を行ったもので、強い心理的負荷となる出来事があったものといえ、これにより原告のうつ病は自然経過を超えて悪化したのであるから、精神障害の悪化について業務起因性が認められる。」と判断しています。

【補足説明】

　この事件では、もともと私病としてうつ病を発症していますので、その症状が悪化したとしても、私病であることに変わりがないはず

です。

　しかし、悪化について、業務起因性が認められ、それにより休業するに至っていることから、「業務上…疾病にかかり療養のため休業」したという要件に該当すると判断したものです。

（3）休業する期間
〜労災となっただけでは制限されない〜

Q

労災となった労働者は、解雇できないということになりますか。

A

労災（業務上の傷病）だけでなく、それを理由として「療養のために休業する期間」がなければ解雇制限はかかりません。

【問題の所在】

　労災による傷病を負った労働者について、解雇が制限されるためには「休業」を要するため、「休業」を要する趣旨等が問題となります。

裁判例：趣旨について述べたもの

　平成26年7月9日静岡地裁判決（41・社会福祉法人県民厚生会ほか事件）は、労働基準法19条1項本文の趣旨について「労働者が業務上の疾病によって労務を提供できないときは自己の責めに帰すべき事由による債務不履行の状況にあるとはいえないことから、使用者が打切補償（労働基準法81条）を支払う場合又は天災事変その他やむを得ない事由のために事業の継続が不可能となった場合でない限り、労働者が療養（労働基準法75条、76条）のために安心して休業できるように配慮したところにあると解される。」と述べています。

つまり、「休業＝労務提供不能（債務不履行）」となり労働契約の目的が達成できないことから、これ自体が解雇事由となり得ます。そのため、同条は、それを制限した規定だということになるため「休業」が要件とされます。また、「休業」は、所定労働日の全部を休業する必要はなく、一部の休業でもよいと解されています。

裁判例：「休業」とは認めなかったもの

平成29年12月15日東京地裁判決（**131**・日本マイクロソフト事件）は、勤務態度等を理由に行われた解雇を有効と判断したものです。

労働者は、形式的に休業していなかったとしても身体的状態として本来欠勤して療養すべき健康状態にあった以上同条が適用されると主張したのに対して、裁判所は「あくまでも業務上の傷病の『療養のために休業する期間』の解雇の意思表示を禁止している規定であることは文理上明らかである」と述べて、労働者の主張を認めませんでした。

（4）打切補償
～使用者の災害補償義務に代わる労災保険給付～

Q

打切補償を支払って解雇できるのは、使用者が療養の費用を負担する場合に限られ、労災保険による給付を受ける場合は含まれませんか。

A

労災保険による給付を受ける場合も含まれます。

【問題の所在】

労働基準法19条1項ただし書の「打切補償」は、同法81条が「第

75条の規定によって補償を受ける労働者」と規定します。これを文字どおり解釈すれば労災保険により療養補償給付等を受ける労働者が含まれないこととなります。

最高裁判決

　平成27年6月8日最高裁判決（**64**・学校法人専修大学事件）は、「労災保険法12条の8第1項1号の療養補償給付を受ける労働者が、療養開始後3年を経過しても疾病等が治らない場合には、労働基準法75条による療養補償を受ける労働者が上記の状況にある場合と同様に、使用者は、当該労働者につき同法81条の規定による打切補償の支払をすることにより解雇制限の除外事由を定める同法19条1項ただし書の適用を受けることができるものと解するのが相当である。」と述べています。

　その理由として、「労災保険法12条の8第1項1号から5号までに定める各保険給付は、これらに対応する労働基準法上の災害補償に代わるものということができる。」「使用者の義務とされている災害補償は、これに代わるものとしての労災保険法に基づく保険給付が行われている場合にはそれによって実質的に行われているものといえる」「（保険給付が行われている）場合には打切補償として相当額の支払がされても傷害又は疾病が治るまでの間は労災保険法に基づき必要な療養補償給付がされることなども勘案すれば、これらの場合につき異なる取扱いがされなければ労働者の利益につきその保護を欠くことになるものともいい難い。」などと述べています。

　その上で、使用者が労働者に対し、平均賃金1,200日分相当額の支払いをしたことから解雇制限の適用がないと判断し、さらに、労働契約法16条該当性の審理のために、東京高裁へ事件を差し戻しました。

【実務上のポイント】

　就業規則に、打切補償による退職を規定するものは多くあると思いますが、この最高裁判例を踏まえて、労災補償給付を受給する場合についても規定しておくべきです。最高裁判決が出た以上、実務上の運用はこれにならうこととなります。

（5）裁判所の判断と行政の判断　～どちらが優先するか～

> **Q**
>
> 労働者の精神障害について、業務上のものとして労災保険から給付が行われる場合には、裁判所でも「業務による」ものと判断することとなりますか。

> **A**
>
> 裁判所の判断は、行政機関（労働基準監督署長）の判断に拘束されません。

【問題の所在】

　労災保険から給付が行われる場合において、裁判所もその判断に従うのであれば、裁判で解雇の効力を争えなくなるのでしょうか。

裁判例：支給決定がありながら「業務上」と認めなかったもの

　平成28年11月30日東京高裁判決（**105**・ケー・アイ・エスほか事件）は、原審（平成28年6月15日東京地裁判決（**93**・ケー・アイ・エスほか事件））が労働者の腰痛の発症について業務上の負傷と認め休職期間満了による退職を無効と判断したことについて、その判断を覆し、私傷病と認め、休職期間満了による退職を有効と判断したものです。

　労働基準監督署長は、労働者がスパイスの入ったコンテナを持ち上げる作業（本件作業）により腰痛を発症したと主張した事実を認

め、労働者の腰痛を業務上による負傷に起因すると認定しました。

　しかし、①労働者がもともと腰痛をもっており、当初は、その原因が本件作業によるものと主張していなかったこと、②労働者が自転車を運転中に転倒し、腰とは別の部位を骨折し労災を申請した頃から、本件作業により腰痛を発症したと初めて主張するようになったこと、③労働者の主張する本件作業の態様がその重量からすれば物理的に不可能であり、労働者の主張する作業態様とは異なる態様で作業していたものと認められたことから、裁判所は「船橋労働基準監督署長による、第1審原告（注：労働者）の腰痛が第1審被告（注：使用者）会社の業務上の負傷に起因する疾病に該当するとの認定は、本件作業が第1審原告の主張する態様のものであったとの誤った事実を前提とするものであったから、上記判断（注：退職が有効）を左右する事情であるとはいえない。」と判断しました。

　平成28年6月14日横浜地裁判決（92・学校法人武相学園（高校）事件・一審）は、労働基準監督署長が業務上による疾病と認定し支給決定した事実がありながら、その判断内容等を検討し、結果として「本件疾病は被告（注：使用者）における業務に起因して発病したとは認められない。」「労基法19条1項に違反して無効とはいえないというべきであり、他に本件解雇の無効事由が主張されない本件においては、原告（注：労働者）が被告に対し労働契約上の権利を有する地位にあるとは認められない」と判断しました。

　しかし、その控訴審である平成29年5月17日東京高裁判決・121は、時間外労働時間等について一審と異なる判断を行い、それによる心理的負荷が強かったなどと判断し「横浜北労働基準監督署による第1審原告（注：労働者）のうつ病についての業務上認定は、妥当なものというべきである。」「本件解雇は労働基準法19条に反し無効である。」と述べて、原審の判断を覆しました。

　平成26年２月27日京都地裁判決（32・エム・シー・アンド・ピー
事件）も、休職期間満了による退職について、精神障害の悪化につ
いて業務起因性が認められることを理由に無効と判断したもので
す。

　判決文からは、労働者は、傷病手当金を受給しており、労働基準
監督署長から労災と認定された事実は認められてはいませんが、裁
判所は「この点、精神障害を発症している労働者について、その後
の業務の具体的状況において、平均的労働者であっても精神障害を
発症させる危険性を有するほどに強い心理的負荷となるような出来
事があり、おおむね６か月以内に精神障害が自然経過を超えて悪化
した場合には、精神障害の悪化について業務起因性を認めるのが相
当であると解する。」として、労働者のうつ病の悪化について業務
起因性が認められると判断しています。

【補足説明】

　労働基準監督署長の行った不支給処分等の行政処分について、取
消訴訟により裁判所で判断を争う途が残されていることからもわか
るように、当然ながら、裁判所は労働基準監督署長の判断に拘束さ
れません。

　また、平成26年２月27日京都地裁判決（32・エム・シー・アン
ド・ピー事件）が述べた判断規範は、精神障害の悪化について、業
務起因性を認めるためには、「特別の出来事」を要するとする労災
の認定基準とは異なるものです。裁判所の判断が行政の判断に拘束
されないということは、認定基準にも当然ながら拘束されないこと
を意味します。

② 労働組合法7条 （不当労働行為）

（1）不当労働行為の成立を認めた裁判例

Q

どのような場合に不当労働行為が認められていますか。

A

労働組合を嫌悪する意思や組合を消滅させる意思が推認される場合に認められやすいと思われます。

【問題の所在】

　労働組合法7条は、不当労働行為として、組合員であること等の「故をもって」不利益な取扱いをすることを禁止しています。

　表面上は何らかの理由を前提に解雇等が行われるはずですが、どのような場合に組合員であることの「故をもって」解雇等が行われたと認定されるのでしょうか。

> **裁判例**・事業廃止に伴う解雇を不当労働行為としたもの

　平成27年6月16日長崎地裁判決（65・サカキ運輸ほか（法人格濫用）事件）は、労働者に対する解雇が不当労働行為にあたるとして無効と判断したものです。

　この事件は、使用者である光洋商事が、その事業をサカキ運輸に譲渡して自らは事業を廃止し、それにともない労働者全員を解雇したものです。他方、サカキ運輸は、光洋商事から解雇された労働者のうち、組合員以外の労働者を雇用し事業を行ったことから、労働

者がサカキ運輸に対して地位確認請求を行ったものです。

　裁判所は「光洋商事の長崎での運送事業を廃止し、原告（注：労働者）らとの雇用関係を除いた有機的一体としての同事業を支配下にある被告サカキ運輸（注：使用者）に無償で承継させ、原告らを光洋商事ないしその支配下にある被告サカキ運輸から排除し、実質的に組合員である原告らのみを解雇したものである。」として「法人格を濫用した不当労働行為というべき」であると判断しました。

　その前提として、光洋商事が平成25年9月30日付で労働者を解雇し、組合員以外はハローワークを経由することなくサカキ運輸に雇用されながら、組合員である労働者はハローワークを介して応募し面接を受けるよう求められたことなどが認められています。

　そのため、上記裁判例の控訴審である平成28年2月9日福岡高裁判決（**77・サカキ運輸ほか（法人格濫用）事件**）は、原審の判断を維持し、その理由として「光洋商事の長崎での運送事業の従業員のうち、被控訴人（注：労働者）ら以外の者…は、光洋商事からの解雇に伴い、ハローワークを介さないで控訴人（注：サカキ運輸）に雇用…された一方、被控訴人らは、光洋商事からの解雇に際し、ハローワークを通じて控訴人の求人に応募することを求められ、控訴人による雇用が保障されなかったのであって、その取扱いの違いにつき、被控訴人らが労働組合の組合員であることのほかに理由があったとは認められない。」と述べ、「光洋商事からの解雇と控訴人による労働契約の不締結とを一体としてみるべきである。」と述べています。

裁判例：組合員を狙い撃ちした配転命令を不当労働行為としたもの

　平成26年7月4日名古屋高裁判決（**40・学校法人越原学園（名古屋女子大学）事件・控訴審**）は、解雇自体を不当労働行為と認定

したものではありませんが、原審の判断を維持して、労働者に対する配転命令が不当労働行為に該当し違法無効であり、解雇の原因となった配転命令も無効と判断したものです。

その判断の前提として、①労働者は、労働組合結成と同時に組合に加入し、平成20年4月に執行委員長となり、平成23年4月1日に、法人本部教職員研修室勤務（配転命令）を命じられたこと、②同部署は平成19年に新設され、組合員である別の労働者がそこでの勤務を命じられるまで同部署での勤務を命じられた労働者がいなかったこと、③同部署での業務内容は、接客マニュアルの書き写し作業や、電子データがあるにもかかわらずタックシールを手書きで作成するものであったこと等の事実が認められています。

その上で、裁判所は、組合員を狙い撃ちにして配転命令を出しているのではなく、様々な問題行動があったため、研修室勤務が労働者の行動によい影響を与えるという目論見で配転命令を行ったという使用者の主張に対し、「様々な問題行動のある人物を教職員に対する研修を実施する立場にある教職員研修室の室員に選任するのはむしろ不合理というべきであって、上記控訴人（注：使用者）の目論見をもって業務上の必要性があるといえるものではない」と述べて配転命令が違法無効であり不当労働行為にも該当するとの原審の判断を維持しました。

裁判例：組合を消滅させる目的と認めたもの

平成26年8月20日大阪地裁決定（**46・**なみはや交通（仮処分）事件）は、労働者7名に対して行った懲戒解雇を争い仮処分の申立てがなされ、労働者の請求が認められたものです。

その判断の前提として、労働者7名について、①使用者からの労働条件変更の申入れに対して、平成26年2月9日に労働組合を結成し団体交渉を申し入れたこと、②平成26年3月16日、全員が懲戒

解雇とされたこと、③その際に示された懲戒事由が全員同一の内容（勤務怠慢、業務妨害、秘密漏洩等）であったことが認められています。

さらに上記②の直前の「団体交渉は認めないんや、うち。」「団交拒否してるのに誰がサインするねん。」などの使用者の言動を理由に、裁判所は、不当労働行為とは述べていませんが「本件懲戒処分は債務者（注：使用者）の経営方針（本件掛金の変更）に反対した本件組合を消滅させるために行われたことが強く推認される。」と述べ、懲戒解雇を無効と判断しています。

裁判例：唯一の組合員への解雇を不当労働行為と認めたもの

平成27年1月19日東京地裁判決（**56**・東京都・都労委（三幸自動車）事件）は、労働委員会の決定の取消しを求めた事件です。

裁判所は、使用者の行った労働者（使用者における唯一の組合員）に対する解雇について、団体交渉等の組合活動を積極的に行っていたことを理由に行われたものと判断し、これにより使用者が組合の関与を受けなくなる点で支配介入（労組法7条3号）に該当することも認めました。

その前提として、労働者が組合加入の事実を明らかにしたのち、①使用者が従業員の親睦会規約の会員資格喪失事由として「本会において労働組合活動を行うなど、徒に混乱させた時」を追加して改正したこと、②使用者が、団体交渉において、労働組合委員長の失言に対して繰り返し謝罪を求めたこと、③労働組合のチラシの他社の名称に誤記があったことについて、組合が訂正の記事を掲載したにもかかわらず、使用者がそのことを繰り返し非難した等の事実が認められています。

（2）不当労働行為の成立を否定した裁判例

Q

> どのような場合に不当労働行為の成立が否定されていますか。

A

解雇等の有効・無効にかかわらず、その理由が明確に認められる
場合には、否定されやすいと思われます。

【問題の所在】

　「故をもって」という事実を使用者が表明して認めることはまず
ありません。労働者が、組合員であることの「故をもって」解雇等
が行われたと主張することは、使用者がこれを否定していたとして
も自由に行えるものです。

　そのため、そのような主張を否定するには、どのようなことを要
するのでしょうか。

裁判例： 業績不良の解雇理由があり不当労働行為の成立は否定したもの

　平成29年9月14日東京地裁判決（**127**・日本アイ・ビー・エム（解
雇・第5）事件）は、解雇自体は無効としながら、不当労働行為の
成立は否定したものです。

　この事件では、判決に至るより前に、東京都労働委員会ないし中
央労働委員会が、労働者を含む労働組合員を対象とする一連の解雇
について不当労働行為にあたると判断しました。

　しかし、裁判所は「原告（注：労働者）が本件組合の中央執行委
員として様々な組合活動に従事していたとしても、…被告（注：使
用者）が原告の過去の組合活動に反感を示していたといった事実も
認められないから、原告の組合活動と本件解雇との間に関連性を認

めることはできない。」と述べています。

　そして、労働者は、合計8つの理由を述べて不当労働行為の成立を主張しましたが、裁判所は、解雇自体は相当ではないとしながらも、業績不良等の解雇理由が存在することは認めており、そのようなことから「原告の主張する事情はいずれも本件解雇が組合嫌悪の意思に基づくものであったことを推認させるには十分とはいえず、これらを全体として評価しても同様である。」と述べ、不当労働行為の成立を否定しました。

裁判例：雇止めを有効とし不当労働行為の成立も否定したもの

　平成26年3月25日大阪地裁堺支部判決（34・コンビニA事件）は、労働者に対する雇止めを相当と判断したものです。

　使用者は、労働者に対し、業務用に貸与した携帯電話のメール機能を業務と無関係に使用したことについて、服務規律に違反するという理由で警告文書の交付を2回（平成23年12月24日、平成24年2月22日）行いました。労働者はそれを理由に、雇止めされたことが不当労働行為であると主張しました。

　しかし、裁判所は「被告（注：使用者）の労働組合や原告（注：労働者）に対する嫌悪の存在をうかがわせるような事情は認められない」と述べ、不当労働行為の成立を否定しました。

　この事件では、労働者については、①労働組合に加入し、その活動の一環として、使用者に対し深夜勤務時に取得し得なかった休憩時間相当の未払賃金の支払等各種請求ないし要求を行い、②平成23年11月から同25年3月までに10回の団体交渉が行われ、③平成24年10月には労働者が組合の執行委員長として活動するようになった事実がありました。

　裁判所は、このような事実関係を前提としても、「一般に、労働組合活動が積極的に行われてきたからといって、直ちに使用者が嫌

悪の情を抱くということはできないし、現に、本件における被告（注：使用者）の対応は、労働組合の要求に一定程度応答するものであり、むしろ真摯なものと評価することができる」と述べて、雇止めの理由は、「原告（注：労働者）の非違行為にあると認めるのが相当である。」と判断しました。

　その前提として、使用者は、上記①に対して未払賃金の支払いを行い、②については団体交渉に応じ、その過程で各種要求に応じるなどの対応をしており、③についても執行委員長への就任と警告文書の交付時期は何ら関係ありませんでした。そして、警告文書の対象となった事実である労働者が行った業務と無関係なメールについて、その回数が異常に多かったものと認められ（他の労働者の平均回数の5倍程度）、また、労働者の勤務態度として、電話で使用者側の立場の従業員をまくしたてて電話を切るなど相当でなかったものと認められています。

3 均等法9条

(1) 均等法9条3項
～解雇その他不利益な取扱いの禁止～

Q

妊娠中の女性労働者を解雇することはできますか。

A

できないことはありませんが、妊娠を理由として解雇することはできません。

【問題の所在】

　雇用の分野における男女の均等な機会及び待遇の確保等に関する法律（均等法）9条3項は、「妊娠したこと、出産したこと…その他の妊娠または出産に関する事由であって厚生労働省令で定めるもの」を理由として女性労働者に対して、解雇だけでなく、不利益な取扱いをしてはならないと規定しています。

　もっとも、使用者が、実質的に妊娠等を理由に解雇したとしても、対外的に妊娠等を理由として行ったと表明することは考えられません。そうすると、形式的には、同法の保護が及ばないこととなってしまいます。

> **裁判例**：均等法9条3項等に違反するとして
> 　　　　　解雇を無効としたもの

平成29年7月3日東京地裁判決（**123**・シュプリンガー・ジャパ

ン事件）は、出産及び育児休業を取得した労働者が、平成27年3月、職場復帰の調整を申し出たところ退職勧奨等が行われ、同年11月27日に解雇されたものですが、裁判所は、均等法9条3項違反等を認め、解雇を無効と判断しました。

裁判所は「事業主において、外形上、妊娠等以外の解雇事由を主張しているが、それが客観的に合理的な理由を欠き、社会通念上相当であると認められないことを認識しており、あるいは、これを当然に認識すべき場合において、妊娠等と近接して解雇が行われたときは、均等法9条3項及び育休法10条と実質的に同一の規範に違反したものとみることができるから、このような解雇は、これらの各規定に反しており、少なくともその趣旨に反した違法なものと解するのが相当である。」と述べています。

その上で、裁判所は、使用者が、弁護士や社会保険労務士から「労働者の問題行動に対して段階を踏んで注意を与え、軽い懲戒処分を重ねるなどしなければ解雇することは難しい」との助言を得ていながら、そのような対応をせずに解雇に及んだことから、当該解雇について、客観的に合理的な理由を欠き、社会通念上相当であると認められないことを当然に認識すべき場合であったとして、均等法9条3項及び育休法10条ないしその趣旨に反した無効なものと判断しました。

このような判断の理由について、裁判所は、解雇が妊娠等と近接して行われたという一事をもって、当該解雇が妊娠等を理由として行われたものとみなすのは相当ではないとしながら、他方で、形式上、妊娠等以外の理由を示しさえすれば均等法及び育休法の保護が及ばないことは同法の意義が削がれる旨を述べています。

なお、この事件では、労働者に対する解雇について不法行為の成立を認め、慰謝料50万円の支払請求が認められています。

（2）均等法９条４項　〜使用者の証明責任〜

Q

妊娠中の女性労働者に対する解雇の理由が妊娠であることは労働者が証明しなければなりませんか。

A

使用者が妊娠したことを理由とする解雇でないことを証明する必要があり、できなければ無効となります。

【問題の所在】

　均等法９条４項は、「妊娠中の女性労働者…に対してなされた解雇は、無効とする。ただし、事業主が当該解雇が前項に規定する事由（注：妊娠等）を理由とする解雇でないことを証明したときは、この限りでない。」と規定しています。

　同条３項が、妊娠等を理由とする解雇を禁止していますので、同条４項は、「無効とする。」としていますが、実質的には、妊娠中の女性労働者に対してなされた解雇は、妊娠を理由としてなされたことを推定する規定といえます。そのため、同条４項は、その反対事実についての証明責任を使用者に負わせた規定と理解できます。

裁判例：使用者が証明したと判断したもの

　平成28年３月22日東京地裁判決（**86**・ネギシ事件）は、妊娠中の労働者に対する解雇を無効と判断したものです。

　労働者が、妊娠を理由とするものであるから、均等法９条４項本文、同条３項により無効であると主張したのに対して、裁判所は、その点について判断することなく「被告（注：使用者）が解雇理由として指摘する事実は、その事実が認められないか、あるいは有効な解雇理由にならないものである」「仮に被告主張のとおり、本件

解雇が原告（注：労働者）の妊娠を理由としたものでないとしても
…無効である。」と述べました。

　しかし、この事件の控訴審である平成28年11月24日東京高裁判
決（**104**・ネギシ事件）は「本件解雇は、就業規則に定める解雇事
由に該当するためされたものであり、被控訴人（注：労働者）が妊
娠したことを理由としてされたものではないことは明らかである」
「本件解雇は、…被控訴人が妊娠したことを理由としてされたもの
ではないことを控訴人（注：使用者）が証明したものと言えるから
…、同条4項（注：均等法9条4項）ただし書きにより、本件解雇
が無効となるものではない。」として、均等法9条3項に違反する
ものではなく、就業規則規定の解雇事由に該当するものと認め、解
雇を有効としました。

　この事件の第1審は、使用者が、労働者に対して、その勤務態度
を書面で注意したり懲戒処分をしたことがなかったことを理由に、
労働者の勤務態度の不良を解雇理由とする使用者の主張を認めませ
んでした。それに対して、控訴審は、小規模な会社でこれまでに従
業員の解雇はもとより懲戒処分もしたことがなかったことから、解
雇までの経過が十分に証拠化されていないことも致し方ないと判断
しています。

　その上で、控訴審は、使用者が小規模な会社でありながら、労働
者が特定の部署への立入りを禁止されたことをもとに、それだけの
特段の事情があったはずと推定されること、つまり使用者の主張す
る労働者の非違行為が認められることなどを理由に、解雇理由につ
いての使用者の主張を全面的に認めました。

4 その他 ～申告を理由とする解雇その他不利益な取扱い～

Q

労働基準監督署に申告した労働者を解雇することはできますか。

A

解雇をすること自体は可能ですが、申告をしたことを理由とする解雇はできません。

【問題の所在】

労働基準法104条1項は「事業場に、この法律又はこの法律に基いて発する命令に違反する事実がある場合においては、労働者は、その事実を行政官庁又は労働基準監督官に申告することができる。」と規定し、同条2項は「使用者は、前項の申告をしたことを理由として、労働者に対して解雇その他不利益な取扱をしてはならない。」と規定しています。

解雇の対象となった労働者が、同条に規定する申告を行っていた場合、それを理由として行ったものでなくとも、そのように主張される可能性があります。

裁判例：申告と解雇の因果関係（条件関係）を否定したもの

平成28年10月7日東京地裁判決（**103**・日立コンサルティング事件）は、解雇について、労働者が申告を行ったことを理由の一つとするものであるとの労働者の主張について、「本件解雇が労働者派遣法49条の3及び労働基準法104条に違反する不利益扱いに当たるとはいえない。」と判断したものです。

その前提として、労働者が、平成25年7月19日、労働基準監督署に対し、使用者が専門業務型裁量労働制に関する労使協定の周知手続を行っておらず労働基準法106条1項に違反する旨を、同法104条1項の申告として申告したものと認められています。

　しかし、裁判所は、平成25年9月2日に行われた解雇について、労働者が同年3月28日に立入りを禁じられた銀行へ立ち入り、その際、入館カードの返却を求められたことに対し110番通報をして警察が出動したという騒ぎを含め、労働者の不良な言動が平成24年10月頃から継続し、それが一時的な感情に駆られた言動に過ぎないとはいえないとして、「偽装請負申告、本件周知違反申告…が被告（注：使用者）の本件解雇における決定的な動機になっており、これらの事情がなければ本件解雇は行われなかったであろうとは認めるに足りない。」と述べて、申告を理由として解雇が行われたものとは認めませんでした。

　なお、この事件では、解雇自体も有効と認められています。

第3章

労働契約法による解雇無効（普通解雇）

　解雇は、客観的に合理的な理由を欠き、社会通念上相当であると認められない場合は、権利を濫用したものとしてその効力が否定されます（労働契約法16条）。

　また、有期労働契約については、「やむを得ない事由」がある場合でなければ期間の途中で労働者を解雇することができないと規定されていますし（労働契約法17条）、懲戒解雇であれば、労働者の行為の性質その他の事情も踏まえて権利濫用となるかが判断されるものとされています（労働契約法15条）。

　本章では、実際に行われた解雇について、労働契約法16条ないし17条の要件を満たさないとしてその効力が争われた裁判例をもとに、どのような場合にその要件を満たすと判断されるのかを見ていきます。

1 総　　論

（1）各種解雇の比較
〜懲戒解雇は無効だが普通解雇は有効？〜

Q

同一の理由であっても懲戒解雇にするか普通解雇にするかで差が
出ますか。

A

懲戒解雇は無効でも普通解雇として有効としたものがあります。

【問題の所在】

　懲戒解雇と普通解雇とで、有効とされるハードルが異なれば、懲
戒を目的とするか労働契約の終了を目的とするかで、どの処分とす
べきかが、実務上問題となります。

裁判例：懲戒解雇を無効とし予備的な普通解雇を有効としたもの

　平成29年7月14日広島高裁判決（126・A不動産事件・控訴審）
は、懲戒解雇については、懲戒事由該当性を否定し無効としました
が、同様の理由でなされた普通解雇については有効としました。

　事件としては、使用者代表者の息子である取締役が詐欺行為に及
んだことについて、労働者が、使用者の加盟する協会に文書を送付
したところ、その行為が懲戒事由である「会社の信用を著しく損な
う行為のあったとき」にあたるかが問題とされました。

　裁判所は、「著しく」の解釈と懲戒解雇の性質から「単に、信用

を損なう行為があったというだけでなく、その行為により、会社の信用が害され、実際に重大な損害が生じたか、少なくとも重大な損害が生じる蓋然性が高度であった場合をいうものと解するのが相当である。」としました。

その上で、重大な損害が生じたとか、重大な損害が発生する蓋然性が高かったとまでは認められないとして、懲戒事由には該当しないものとしました。

他方で、普通解雇については「本件普通解雇事由の『会社に損害を与えた』とは、その文言上、被控訴人（注：使用者）の信用を毀損した場合も含まれると解するのが相当である。」として、労働者が、使用者の信用を毀損したと認め、普通解雇事由があるとし、その相当性も認めました。

裁判例：期間途中の解雇は無効としながら雇止めを有効としたもの

平成26年4月22日さいたま地裁判決（**36**・学校法人大乗淑徳学園事件）は、解雇ではありませんが、期間途中に行われた解雇は無効と判断しながら、その後の雇止めについては相当と判断したものです。

労働者は、平成3年4月1日、契約期間を1年間として雇用され、以後、更新を繰り返し、平成23年4月1日にも契約を更新されましたが、平成24年3月31日に雇止めとなったものでした。

労働者が、使用者の許可を得ないまま学校内でアンケートを実施したことなどについて、使用者は、業務命令違反であり就業規則にも違反するとして期間途中に解雇しました。

裁判所は、「やむを得ない事由」（労働契約法17条）にあたらないとして、解雇を無効と判断しましたが、雇止めについては、相当と認めました。

裁判例：懲戒事由を前提に行われた普通解雇を無効としたもの

平成26年11月12日東京地裁判決（**52**・東京エムケイ（損害賠償請求）事件）は、懲戒事由に該当する行為について、普通解雇としたところ、無効と判断したものです。

労働者はタクシーの運転手であり、営業車両を運転中に自損事故を起こしながら、事故の発覚を免れるため、所持していた黒色タッチペンを用いて傷を塗り隠して隠蔽し（以下「本件隠蔽行為」）かつ、そのことを報告しないで帰宅したこと（以下「本件報告懈怠」）が問題とされました。

裁判所は、労働者の行為について職業倫理上許されず悪質であるとしながらも「1回の本件報告懈怠及び本件隠蔽行為により、原告（注：労働者）と被告（注：使用者）との間の信頼関係が、本件解雇によって本件雇用契約を解消しなければならない程度にまで破壊されたものと評価することはできない。」と判断しました。

加えて「従業員との雇用関係の継続を前提とする懲戒処分も定められているのであるから、被告はそのような懲戒処分を選択する余地もあったというべきである。」としています。

〈補足説明〉

当然のことですが、重い処分を避けて、軽い処分により目的を達成することができるのであれば、軽い処分とすべきです。解雇の前に退職勧奨を行うことや、懲戒解雇の前に諭旨解雇を規定し退職を促すのはこのためです。

(2) 注意・指導
～重い処分に至る可能性を認識させること～

Q

問題（能力不足、勤務態度等）のある労働者について、それを理由に直ちに解雇してよいですか。

A

基本的には、問題があることを説明し、それが改善されなければ解雇に至る可能性があることを認識させるため、解雇するまでに注意・指導を経る必要があります。

【問題の所在】

能力不足や勤務態度に問題がある労働者について、注意・指導をする理由はどこにあるのでしょうか。

裁判例：自覚を持たせる指導

平成25年12月17日東京地裁判決（**22**・トラベルイン事件）は、契約期間約6か月の労働者に対して行った期間途中の解雇を無効と判断したものです。

使用者は、旅行業等を目的とする会社で、労働者の仕事内容は、予約受付業務でした。使用者の主張する労働者の勤務態度等は、いくら勤務を重ねても、悪びれることなく同じことを何度も聞き、「それ前教えましたよね。」と注意されても聞き流し、同じ質問を繰り返していたことなどでした。

これに対し裁判所は「原告（注：労働者）に対して、同様のことを繰り返せば、解雇に至ることもあり得るという自覚を持たせる指導も、改善のための明確な措置もされない状況の下では、原告の勤務態度等が被告（注：使用者）主張のとおり芳しくなかったとして

も、これをもって、原告に期間中の解雇を正当化するほどの重大な非違行為があったとはいえず、本件解雇に『やむを得ない事由』があったとは認められない。」としました。

裁判例：問題意識を認識し得る機会

平成28年3月29日京都地裁判決（89・O公立大学法人（O大学・准教授）事件）は、アスペルガー症候群を有する労働者が、その影響により及んだ行為を理由として、教職員としての適格性を欠くと評価され解雇されたところ、無効と判断されたものです。

解雇までの経緯としては、労働者が、大学の大学生活協同組合職員に対して罵声を浴びせ、土下座をさせるなどの行動に及んだことや、精神科受診を求めて来訪し、同所において、果物ナイフで自らの手首を切り、臨場した警察官に銃砲刀剣類所持等取締法違反の嫌疑により現行犯逮捕されたことなどが認められています。

裁判所は、アスペルガー症候群の特徴から、労働者としては、「的確な指摘を受けない限り、容易にその問題意識が理解できない可能性が高かったといえる。」「この点につき、D学長及びE学部長は、各職位に就任後、原告（注：労働者）がアスペルガー症候群を有する者であることを認識し、書籍等でこれに関する一応の知識を得ていたというのであるから、…原告の非難可能性や改善可能性を検討するに当たっては、…上記のような特徴を有する原告に問題意識を認識し得る機会が与えられていたかという点も十分に斟酌しなければならない。」として、使用者の対応からは「原告としては、自らの行動に問題があることを認識し、以後これを改善する機会を与えられることがなかったといわざるを得ない。」と判断しました。

【実務上のポイント】

能力不足であっても業務態度に問題があるとしても、注意・指導

を経なければ、解雇の理由として認められないことは一般的なものと認識されています。

　その理由は、これらが改善されれば解雇する理由はなくなるからです。

　どの程度まで注意・指導を行うべきかは具体的に検討する必要がありますが、使用者としては、その負担を忌避して、直ちに解雇を行う、あるいは指導と称してパワハラに及ぶといった事態だけは避ける必要があります。

2 能力不足

（1）能力不足 〜向上の見込みがあるか〜

Q

能力不足を理由とする解雇が認められる場合はどのような場合ですか。

A

能力不足であることが具体的に認定でき、訓練による能力向上が期待できず、配置転換等による活用も困難な場合であれば認められます。

【問題の所在】

　一般に、能力不足を理由とする解雇が有効と判断されるのはどのような場合でしょうか。

> **裁判例**：「はなはだしく能力の劣る場合」を理由とする解雇

　平成29年2月22日東京地裁判決（111・NECソリューションイノベータ事件）は、「はなはだしく能力の劣る場合」などに該当するとして行われた解雇について、有効と判断したものです。

　裁判所は「原告（注：労働者）の勤務成績の著しい不良は長年にわたるものであり、その程度は深刻であるばかりか、その勤務態度等に鑑みると、もはや改善、向上の見込みがないと評価されてもやむを得ないものである。被告（注：使用者）は、かような原告に対し、人事考課、賞与考課のフィードバック等を通じて注意喚起を続

け、かつ、在籍出向を命じるなどして解雇を回避すべく対応している
ものであって、手続面でも格別問題のない対応をしていると認め
られる。このような点に鑑みれば、本件解雇は、客観的に合理的な
理由を有し、社会通念上相当と認められるものであって、有効と認
められる。」と判断しました。

　裁判所は、このような評価ないし判断の前提となる事実として、
次のことを認定しています。

① 　労働者は、昭和57年4月に採用された者であるが、入社16
　 年目の時点で、使用者における職能制度の3級職（概ね入社5
　 年目相当）にとどまっていた。

② 　平成10年9月、労働者の業務遂行能力を測定する目的で提
　 出された課題業務の達成度は、平均で5点満点中の2.14点と
　 なっていた。

③ 　使用者は、労働者に研修を受講させ、様々な部署への配置転
　 換を行い業務に従事させたが、それぞれの上司から、そのほと
　 んどの時期において、最低ランク又はそれに近い評価を受け続
　 けてきた。

④ 　使用者は、平成25年以降、労働者を、業務委託を行ってい
　 た会社に在籍出向させたが、労働者の勤務状況が不良であり、
　 現場メンバーへの負担が大きく、すでに限界であるなどとして、
　 在籍出向を打ち切ってもらいたいとの要請があった。

⑤ 　上記④の要請の際の報告書に記載された出向中の状況は、次
　 のようなものだった。

　　「片面→両面＆サイズ変更（A4→B5）のコピーができない」
　　「基本的なコピー作業しかできない。（同一サイズ原稿の単純
　　 コピー）」
　　「ミックスサイズ原稿など、ちょっと複雑な作業をさせると
　　　混乱してミスが発生し、手戻りが増えるので任せられない」

「検品の手順理解度が低い」

「検品方法を間違えた」

「思い込みで作業をする」

「失敗を目の前で指摘しても『完璧にやってる』と言い張り、実物を見せてもわからない」

「ミスをしても自分が正しいと思い込んでいる」

「会話が整理されていなく、何を言おうとしているのか掴めないため、普通のコミュニケーションがとれない」

「独り言が多く、周囲に話しかける…ような独り言が多い」

「毎回、自分の意見を主張するため、現場でのやり方を説得するのに時間を要する」

「成果物にちょっとした汚れがあっても『社内文書だからこれ位いいだろう』」

「『なぜダブルチェックをするのか。1回で充分。非効率ではないか』といった主張が強く、標準手順を素直に受け入れない」

「研修を通じて、『なぜこのようなことに時間を取ってまで研修をするのか』との発言」

「ビジネスマナーに拒否反応」

「実機実習の復習を『十分学習したので』と拒否。実習＝スキルアップのチャンスを拒否する例はまずありません」

「ＰＣ操作が苦手」

「愚痴が多く、教え甲斐がない」

「普通の人が１時間作業→ご本人作業＋スタッフ確認・サポートで２時間掛かる」

「ＯＪＴを行うスタッフは理解してもらえず徒労感、疲労困憊（女性スタッフいわく）『幼稚園児に教えているよう、どう説明すればいいのか？』」

【実務上のポイント】

　能力不足を理由とした解雇を有効と判断した裁判例は、この裁判例のように相当な指導・訓練を行い、配置転換や出向によりその能力の活用を図ろうとしたものが多く見受けられます。

　事業の規模によっては、このような指導・訓練を相当期間行うことは困難かもしれませんが、解雇が有効と認められ得る能力不足の程度がどの程度のものかの参考になると思います。

　また、労働者が指導に応じる姿勢がなかったり、能力不足やそれを理由に指導・訓練がされているとの認識に乏しいことまで踏まえて、これによる解雇が有効と判断されていることがわかります。そのような意味でも、解雇するに至るまで、労働者に対して指導・訓練を行う必要があるといえます。

(2) 適格性 〜向いているかどうか？〜

Q

「適格性の欠如」による解雇とはどういうことですか。

A

能力不足の一つの態様というか、簡単にいうとその職務に「向いていない」ことを理由とするものです。

【問題の所在】

　能力不足とあわせて「適格性」という言葉が解雇理由として使われますが、単なる能力不足と異なるのでしょうか。

裁判例：営業職としての能力不足を認めなかったもの

　平成25年11月21日東京地裁判決（**20**・芝ソフト事件）は、営業能力の欠如等を理由になされた解雇について無効と判断されたものです。

使用者は、労働者の５件の営業においてクレーム等が発生したとして、普通解雇事由があると主張しましたが、裁判所は「前記４件について検討しても、原告（注：労働者）の言動が主たる理由となって交渉や事業が頓挫したり、被告（注：使用者）に損害が生じたことは認めるに足りない。また、そのクレームの内容は、交渉過程での出来事が主なものであり、交渉相手の受け取り方という側面もあることを考慮すると、明らかに原告に非があるとまで認めることは相当ではない。」「そして、被告において担当した業務は上記４件にとどまるものではなく、…原告が担当した顧客の多くからクレームを受けたという具体的事実を認めるに足りない。」として、就業規則規定の解雇事由（仕事の能力もしくは勤務成績が著しく劣り、または職務に怠慢なとき等）に該当しないと判断しました。

〈補足説明〉

　この裁判例は、使用者は「能力不足（仕事の能力もしくは勤務成績が著しく劣り、または職務に怠慢なとき等）」を解雇理由としていますが、どちらかというと、営業職としての適格性を理由とするものと理解するほうがわかりやすいように思われます。

　もっとも、能力不足であっても、適格性の欠如であっても、そのような抽象的な評価にあてはまるだけの具体的な事実を主張立証することは容易ではありません。

　裁判所が「損害が生じたことは認めるに足りない」と指摘するように、労働者の行為が相当でなく、これにより具体的な損害が生じているような場合であれば、適格性というよりも、使用者に損害を与えたという理由のほうが、解雇として認められやすいようにも思われます。

　平成29年2月23日東京地裁判決（**112・国立研究開発法人国立A医療研究センター（病院）事件**）は、歯科医長として歯科医療に適格性を欠く行為があったことを理由に行われた（契約期間途中の）解雇について、無効と判断したものです。

　使用者は、解雇理由として25の行為及び医療安全上の問題があり、かつ、歯科医長として必要な適格性を欠く行為として19の個別の問題行為があったと主張しました。

　裁判所は、その判断にあたり「歯科医療行為に係る知識や技術については、それ自体高度な専門性を有する事柄であり、当該患者の身体の状況について実際に得られた具体的な情報を基に、当該患者の意思・希望や、治療行為を行う際の人的・物的態勢等を踏まえつつ、その都度適切な治療行為を選択して実施すべきことからして、その治療行為の選択には担当する歯科医師に相当広範な裁量が認められることも論をまたないところである。」「被告（注：使用者）は、本件解雇の理由として、原告（注：労働者）のした多数の治療行為について医療安全上の問題があったことを指摘するが、上でみたような医療行為の特性を踏まえるならば、治療行為が解雇の理由として考慮に値するようなものに当たるか否かは、当該治療行為が相当な医学的根拠を欠いたものか、実際に当該治療行為が行われた患者の身体の安全等に具体的な危険を及ぼしたか、治療行為に際して認められる裁量を考慮しても合理性を欠いた許容できないものといえるかといった観点からの検討が不可欠なものということができる。」と述べ、結果として、解雇の理由となる行為があったとは認めませんでした。

【実務上のポイント】

　能力不足を数値化することは相当な困難が伴いますが、歯科医療

に限らず、専門性が高く裁量も伴う職種であれば、その適格性がないといえるだけの具体的な事実を主張立証することは相当の困難が伴います。

使用者が「向いていない」と説明しても、それが納得できるだけの具体的な事実が伴わない主観的・印象的なものであれば、裁判所を説得することはなお難しいといえます。

もし、それでも適格性の有無を判断したいのであれば、労働者本人の認識を確認してみるのがよいと思われます。本人も「向いていないと思います」という認識であれば、配置転換先を探し、それも困難であれば、その仕事を続けるかどうかを確認し、場合によっては退職を促し、なるべく解雇を避けるということが必要です。

労働者がそれに反発すれば、使用者の認識と労働者の認識のどこにズレがあり、どこが問題であるかを一つひとつ具体的に明らかにするという作業を次に行う必要が出てくるはずです。

（3）能力不足を基礎付ける具体的事実 ～客観的な数値化～

Q
どのような事実があれば、能力不足と判断されますか。

A
客観的に数値化ができれば、能力不足と判断するための一つの目安となります。

【問題の所在】

能力不足については、どのような事実を元に、そのように評価すればよいでしょうか。

裁 判 例：離席時間、研修の不合格を一つの理由としたもの
平成28年3月28日東京地裁判決（**88**・日本アイ・ビー・エム（解

雇・第１）事件）は、業績不良を理由とする労働者３名に対する解雇を、それぞれ無効と判断したものですが、裁判所は、能力不足の問題があったことが相当程度認められると判断しました。

　この事件では、労働者が平成22年８月、１か月に26時間58分離席した事実について、１日当たり約73分の離席となることを指摘し「離席している時間が増えることにより…業務の機会が減ると考えられること、離席しているため連絡がとれずに業務に支障が出ることがあったこと…、離席について所属長が注意しても改善しないこと…などからすると、たとえ離席時にＰＨＳを携帯していたとしても、同原告（注：労働者）の離席の多さは業績不良の一態様であると認められる。」としました。

　また、労働者が「ネットワークに関する研修を受講したが、研修後の試験に２度不合格となっている。…２回目も73点で不合格となっていることからすれば能力不足があったと言わざるを得ない。」と述べています。

裁判例：設定された数値目標を下回ったもの

　平成26年６月５日神戸地裁判決（**37**・NHK神戸放送局（地域スタッフ）事件）は、受信料の集金等を行う地域スタッフとして契約を締結した者（労働者）について、能力不足を理由に行われた契約期間途中の解雇を無効と判断したものです。

　労働者は、３期連続して目標の80％を割り込んだ場合又は１回でも目標の60％を割り込んだ場合に受けることとされている「特別指導」（通常の指導助言より強力なもの）の対象と位置付けられ、平成19年度第２期以降平成24年度第５期まで、継続的に特別指導の対象として指揮監督を受けていました。

　使用者は、その成果がないと判断し上記契約を解約するに至りましたが、裁判所は、能力不足であること自体は否定しませんでした。

裁判例：他の従業員との比較から能力不足を否定したもの

　平成28年4月15日京都地裁判決（**90**・メルファインほか事件）は、倒産した使用者から解雇された労働者の、使用者の事業を継続して行っていた複数の別会社ないし個人に対する賃金債権等の請求を認めたものです。

　解雇の理由は、業務遂行能力及び勤労意欲の不足等でしたが、これについて、裁判所は「業務遂行能力及び勤労意欲の不足について、被告ら（注：別会社ないし個人）は、売上実績の不足を上げるが…、そもそも被告らが示す平成24年の1月ないし6月の訴外メルファイン（注：倒産した使用者）全体の売上実績が予算を大幅に下回っているのであり…、同期間中、原告（注：労働者）以外の営業社員においても営業実績が予算を下回る月は複数回あり、同期間全体の予算と実績の差異を見ても、原告の実績が最も予算からかい離しているというものでもないことからすると、これが直ちに業務遂行能力及び勤労意欲の不足ということはできない。」と判断しています。

【実務上のポイント】

　数値により能力を測るというのが有効であることは確かですが、客観性が伴わなければなりません。また、実現困難な数値目標を設定するなどすれば、パワハラとも評価されかねません。

　数値化が困難な場合には、複数の部署の業務について評価を行う、複数人の評価者で評価を行う、一時的でなく継続的に行うなど、評価者の主観的な偏りが少なくなるような工夫が必要です。

（4）注意・指導等の留意点 ～解雇の必要性をなくすため～

Q

労働者に対して注意・指導等を行う場合に注意することはありますか。

A

抽象的ですが、解雇ないし辞職を避けるために行うということを認識して行うことです。また、労働者にもそのような認識をもって注意・指導を受けてもらう必要があります。

【問題の所在】

　解雇するためには注意・指導を経なければならないとしても、注意や指導は解雇を正当化するために行うという位置付けになるのでしょうか。

裁判例：解雇を正当化するための注意文書

　平成27年11月11日福岡地裁判決（**72**・住吉神社ほか事件）は、神社の神職であった労働者に対してなされた、神職としての適格性を欠くこと等を理由とする解雇を無効としたものです。

　裁判所は、解雇の通知までに労働者に対して発出された文書による注意等について「証拠上、それ以前に文書による注意等が行われた形跡や、被告丙山（注：使用者の代表者）以外の上位の神職が原告（注：労働者）を厳しく指導した形跡がなく…上記各文書は、被告丙山が望む本件解職通知を正当化するために発せられたとの疑いがあり、上記各文書をもって、原告について、被告神社（注：使用者）からの適正な指導及び教育によっても改心の見込みがなかったと評価することもできない。」と判断しました。

　加えて、裁判所は、使用者の代表者による暴行・暴言による労働

者に対する指導方法を捉えて「確かに、…原告は被告丙山から継続的に指導を受けていたが、その指導方法は、適正なものとはいい難いものが多々みられたから、このような不適切な指導方法によって原告が学習意欲を失っていたとしても、それはやむを得ないといえる。」として、労働者の勤務態度に、解職を正当化し得るほどの重大な問題があったともいえないとしました。なお、使用者の代表者について、労働者に対する暴行・脅迫等による不法行為（パワハラ）の成立が認められています。

裁判例：能力不足の認識が欠けていたと判断されたもの

　平成29年2月22日東京地裁判決（111・NECソリューションイノベータ事件）は、「はなはだしく能力の劣る場合」などに該当するとして行われた解雇について有効と判断したものです。

　労働者は、配置転換されたリサイクルセンターでの業務を拒否したことについて、ハードディスクを破壊する業務が嫌がらせであるとしてその正当性を主張しましたが、裁判所は「ハードディスクを破壊する業務といえども、被告（注：使用者）社内において必要性のある業務であって、業務内容に照らしそれを直ちに嫌がらせと決めつけることはできないし、既に認定したとおり、同センターでの業務は、（上記のような破壊業務だけでなく）広く被告社内のパソコン、サーバ等の機器やソフトウェアの管理業務等を行う業務であると認められるから…、原告（注：労働者）の上記主張を採用することはできない。」「同センターでの業務は、システムエンジニア等のいわゆる被告における花形業務と比較して、地味で好ましい印象を与えないのはCも証言するとおりであるが…、原告の主張は、原告がそのように仕事を選り好みできる状況になかったという現状認識が欠けている上、意に染まない業務を行わないという原告の自分本位の姿勢を如実に表すものとして、失当といわざるを得ない…。」

と述べています。

〈補足説明〉

　平成27年11月11日福岡地裁判決（**72**・住吉神社ほか事件）は、労働者に対して発出された文書が、一般的に注意・指導を経なければ解雇できないとの理解からされただけのものと推測されます。

　また、平成29年2月22日東京地裁判決（**111**・NECソリューションイノベータ事件）は、労働者自身がどういった理由で注意・指導等を受けているのかという認識が欠けていることからも、そのことを認識してもらうように、注意・指導を行う必要があることがわかります。

　その上で、注意・指導に効果がなく、労働者の認識も乏しい場合には、ようやく、解雇もやむを得ないということになります。

(5) 専門的能力の不足 〜能力を期待して採用した場合〜

Q

専門的能力を期待して採用した労働者に対しても、指導・訓練が必要でしょうか。

A

訓練は必要でないとしても、能力不足であることを認識できる程度の、あるいは、指導に反発するなどして、それ以上の効果が期待できないといえる程度の指導は必要です。

【問題の所在】

　専門的能力を期待して採用した労働者が能力不足であっても、指導・訓練が必要なのでしょうか。

裁判例：職務懈怠に対する指導が行われたもの

平成26年1月30日東京地裁判決（26・トライコー事件）は、外国企業の日本の事業所における記帳・経理業務、従業員の給与計算業務等の代行を行う使用者が、記帳・経理代行業務に特化した専門職として採用した労働者について、適格性を欠くとして行った解雇を有効と判断したものです。

裁判所は、労働者について作業の遅れ、仕訳の誤り、期限徒過及びそれについての連絡がなかったこと、事務処理にあたり依頼者に対する質問や確認がなされていなかったこと、資料管理の不備等を認めた上で、職務の懈怠があったと認めました。

その上で「原告（注：労働者）は、被告（注：使用者）から、職務懈怠が明らかになる都度、注意・指導をされながら、その職務遂行状況に改善がみられなかったものと認められ、結局のところ、原告は、前記の職務を遂行し得るに足る能力を十分に有していなかったものといわざるを得ない。」としました。

なお、労働者の上司は、作業期限を遵守する姿勢がみられない労働者に対して、メールで注意・指導したところ、原告は、メールにより、「すみません。返す言葉もありません。」と返答しています。そのほかにもメールの履歴から、このような注意・指導を行った事実が認定されています。

裁判例：指導内容に対する労働者の反発を認めたもの

平成28年7月7日東京高裁決定（95・コンチネンタル・オートモーティブ（解雇・仮処分）事件・抗告審）は、原審（平成27年11月27日横浜地裁決定・73）の判断を維持し、中途採用された労働者について、「業務能力または勤務成績が不適当と認めたとき」にあたるとして行われた解雇を有効と判断したものです。

労働者は、平成23年8月1日から、自動車業界における29年間

の勤務経験を有することなどから、即戦力としての手腕を期待してマネージャー（課長相当職）として雇い入れられましたが、平成25年6月6日ころから3か月にわたり、使用者から、能力改善プログラムの実施を受けました。

　しかし、労働者は、能力改善プログラムが功を奏せず、一担当者として業務に従事することとなった後、報告書の作成について指導を受けたところ、指導された内容の修正を行わず、反対に、指導・注意を行った者（以下「D」）に対し「Dさんがどうも誤解していらっしゃる節があるのでお伝えしますが、」との書き出しで「先ずCさんやEさんの質問や課題を理解してからコメントされることをお勧めします。当たり前の話ですが、Questionを理解していない人はAnswerには到達できません」「冒頭の様な誤解がDさんの頭の中にあるのではないかと思いますが、それを取り去る良い薬としては、ご自身で分析してみることと存じます」などという、Dの指導内容が誤っているため修正に応じられない旨の内容のメールを返信しました。これにより、労働者は報告業務を打ち切られ、最終的に解雇となりました。

　裁判所は、労働者について、自己の考えに強く固執し、指示や指導の意義を否定する姿勢に終始していたと評価し、解雇を有効と認めました。

　なお、能力改善プログラムの実施に先立って作成された合意書には、「私は現在のポジションにおける業績・成果・Behaviorが、会社の期待値に達していないという事実に基づき、それらを改善するために、上記改善計画を上司とともに作成し、その内容に合意します。なお期限終了時に両者同席の上結果のレビューを行い、要求水準に達していない場合には、現在のポジションに対して適性がないと判断され、降格、社内外への異動・転身を含む措置が行われる場合があることを理解したうえで、ここにサインします。」と記載され、労働者の署名がされていました。

　平成29年2月23日東京地裁判決（112・国立研究開発法人国立A医療研究センター（病院）事件）は、歯科医長として歯科医療に適格性を欠く行為があったことを理由に行われた解雇（契約期間途中）について、無効と判断したものです。

　使用者は、解雇理由として25の行為及び医療安全上の問題があり、かつ、歯科医長として必要な適格性を欠く行為として19の個別の問題行為があったと主張しました。

　しかし、裁判所は、使用者における労働者の行為の検討状況について「被告（注：使用者）の主張する本件解雇理由及び本件問題行為は、原告（注：労働者）が平成25年11月1日に勤務開始した直後である同月7日から始まり、発生時期に特段の偏りは見られずに平成26年3月まで続いている。これだけの頻度で多数の問題のある医療行為がされ、しかも、それが医療安全上も問題があったというのであれば、歯科医長という立場にあることを考慮しても、原告に対して問題の指摘や何らかの注意・指導がされてしかるべきものと考えられる。しかし、本件解雇理由及び本件問題行為について、問題のある医療行為であることを示した上で明確な注意・指導が行われたことがあったとは証拠上認められない。また、被告にはインシデント（問題事象）を協議する場が設けられている…にもかかわらず、本件解雇理由及び本件問題行為が取り上げられたことをうかがわせる証拠は存在しない。」として、使用者の主張する解雇理由自体が、使用者の内部で重大なものと認識されていなかったものと判断しました。

【実務上のポイント】

　専門的な能力を期待された労働者であっても、何らかの問題があるのであれば、使用者としてそれを具体的に把握し、労働者に指導

して認識させる必要があることは、一般的な能力不足の場合と異なるものではありません。

　また、指導に対する反発は、一般の能力不足の場合よりも強く予想されますので、指導する理由が適切なものか、反発する労働者の言い分に理由があるかについても検討を要することになります。

　特に、企業からの相談に対応する中で、使用者からしか事情を聞いていない場合に、労働者から言い分を聞くと「えっ？」となることは、ままありますので、注意する必要があります。

(6) 解雇回避努力 〜配置転換による能力の活用〜

Q

訓練等をしても能力が向上しない場合どうすればよいでしょうか。

A

配置転換を検討してください。

【問題の所在】

　能力不足の労働者に指導・訓練を行った上で、能力の向上の見込みがない場合には、直ちに解雇することができるのでしょうか。

裁判例：適性に合った職種への転換等に言及したもの

　平成28年3月28日東京地裁判決（**88**・日本アイ・ビー・エム（解雇・第1）事件）は、業績不良を理由とする労働者3名に対する解雇を、それぞれ無効と判断したものです。

　裁判所は、労働者が過去に職位に応じた評価を受けたことがあることや業務内容に問題のない作業があったことを踏まえ「業績不良は認められるものの、担当させるべき業務が見つからないというほどの状況とは認められない。」「職種や勤務地の限定があったとは認

められないことなどの事情もある。そうすると、現在の担当業務に関して業績不良があるとしても、その適性に合った職種への転換や業務内容に見合った職位への降格、一定期間内に業績改善が見られなかった場合の解雇の可能性をより具体的に伝えた上での更なる業績改善の機会の付与などの手段を講じることなく行われた本件解雇…は、客観的に合理的な理由を欠き、社会通念上相当であるとは認められないから、権利濫用として無効というべきである。」としました。

　平成29年2月22日東京地裁判決（111・NECソリューションイノベータ事件）は、「はなはだしく能力の劣る場合」などに該当するとして行われた解雇について、有効と判断したものですが、使用者内部だけでなく、出向による配置転換も経て、最終的に解雇されています。

　平成28年7月7日東京高裁決定（95・コンチネンタル・オートモーティブ（解雇・仮処分）事件・抗告審）は、原審（平成27年11月27日横浜地裁決定・73）の判断を維持し、中途採用された労働者について、「業務能力または勤務成績が不適当と認めたとき」にあたるとして行われた解雇を有効と判断したものです。
　もっとも、解雇されるまでの過程で、退職勧奨を受け、それに承諾しなかったことから、一般担当者として本社での業務にも従事した期間がありました。

〈補足説明〉
　配転命令については、権利を濫用したものとして無効となる場合があります。配転命令に応じないことが業務命令違反にあたるとの理由から解雇等に至っても、配転命令の効力を否定され解雇が無効

となる場合があります。

　能力不足を理由とする配転命令を行うのであれば、まずは、労働者にそのことを認識させる必要がありますし、いわゆる「追い出し部屋」のような配置転換は避けるべきです。

(7) 事業場の規模 〜小規模な事業場〜

Q

事業場の規模は、解雇の効力の判断に影響を及ぼしますか。

A

事業場が小規模であったことを理由に、能力不足の解雇を有効とした裁判例があります。

【問題の所在】

　大企業のように、能力不足に対する注意ないし指導・訓練を長期間にわたり行える場合と異なり、事業場が小規模であることは、能力不足の判断について考慮されないのでしょうか。

裁判例：小規模な事業場であることを踏まえ有効と判断したもの

　平成27年4月16日東京高裁判決（60・海空運健康保険組合事件・控訴審）は、原審（平成26年4月11日東京地裁判決・35）の判断を取り消し、能力不足を理由に行われた解雇を有効と判断しました。

　労働者は、平成5年4月1日に採用され、平成16年に課長職にあったところ、平成17年5月からは、レセプト業務等に従事する一般課員に異動となりました。

　それ以降、労働者は、毎年のように事務遅滞を生じることがあり、支給決定の過誤、レセプトを誤って廃棄したこと、被保険者を取り違えたこと等の事実があり、労働者が当該業務から外れ他の従業員が残務処理をしたこと等が認められています。

原審は、能力不足を理由に解雇事由である「その他やむを得ない事由があるとき」のその程度について「もはや雇用関係を維持することも相当ではないといえるような程度、内容にわたっていることを要するというべきである。」とした上で、労働者について「指導が浸透しにくいものの、指導に反発するということはなく、本人も相応の努力の姿勢は見せ、改善の余地が全く否定されるものでもない」と評価し、解雇を無効と判断しました。

　しかし、控訴審は「被控訴人（注：労働者）は、上司の度重なる指導にもかかわらずその勤務姿勢は改善されず、かえって、被控訴人の起こした過誤、事務遅滞のため、上司や他の職員のサポートが必要となり、控訴人（注：使用者）全体の事務に相当の支障を及ぼす結果となっていたことは否定できないところである。」「控訴人が15名ほどの職員しか有しない小規模事業所であり、そのなかで公法人として期待された役割を果たす必要があることに照らすと、…被控訴人は、控訴人の従業員として必要な資質・能力を欠く状態であり、その改善の見込みも極めて乏しく、控訴人が引き続き被控訴人を雇用することが困難な状況に至っていたといわざるを得ない」として、解雇事由該当性を認めました。

〈補足説明〉

　この事件は、地裁と高裁とで判断が異なったものですが、使用者は、解雇に至るまで、小規模な事業場の中で、配置転換を行ったり、補助職員として派遣社員を配置し労働者の業務の一部をカバーさせたり、人事考課に基づき降格・降級を２回にわたり行い、その都度、問題点を指摘して指導をしていたことが認められています。

　小規模な事業場であることからその判断の程度が下がったというよりも、小規模な事業場であることを前提に、期待されるだけの解雇回避の努力がなされたという判断に至ったものと思われます。

3 業務命令違反と勤務態度

（1）業務命令違反 ～正当化する理由の有無～

> **Q**
>
> 業務命令違反は解雇の理由となりますか。

> **A**
>
> 「指揮命令を受けて業務に従事する」という債務の不履行にあたりますので、解雇の理由となり得ます。

【問題の所在】

　労働者は、労働契約により使用者との間で使用従属関係にあるため、業務命令には基本的に従う必要があります。

　しかし、無免許運転など、業務命令だからといって、違法な指示に従わなければならないというわけではないことは明らかです。

裁判例：就業規則違反を理由とする解雇

　平成26年4月22日さいたま地裁判決（**36**・学校法人大乗淑徳学園事件）は、期間途中に行われた解雇を無効と判断したものです。

　労働者は、学生相談室のカウンセラーでしたが、「カウンセリングルームの相談者である学生の氏名及び相談内容の要旨等を記載する欄が設けられた書式に従って業務日誌を作成して提出せよ」との業務命令に対して守秘義務を理由に応じませんでした。そして、自ら考案した書式に相談者である学生の学籍番号、氏名及び相談内容の要旨を記載して同年8月5日までの業務日誌を作成したうえ、こ

れらを塗りつぶして判読できないようにしたものを提出したことが、解雇理由の一つとされました。

これについて裁判所は「業務命令が有効であっても、労働者にその命令に服しないことにつきやむを得ない事由が存在したか否かが、その命令違背を理由とする懲戒処分等の有効性の主要な問題となる」として、業務命令に従うことが、労働者の主張する守秘義務に違反するかどうかを検討しています。

この事件では、裁判所は「学生相談機関ガイドライン」を参照するなどして、結論として労働者が業務命令に従ったからといって、守秘義務違反となるものとは認めませんでした。

裁判例：配転命令違反を理由とする解雇

平成26年7月4日名古屋高裁判決（40・学校法人越原学園（名古屋女子大学）事件・控訴審）は、原審（平成26年2月13日名古屋地裁判決・27）が、業務命令（配置転換）に従わなかったことを理由とする解雇を無効とした判断を維持しました。

この事件は、使用者が、その設置・経営している名古屋女子大学の教授である労働者に対し、平成23年4月1日付けで教職員研修室（兼務）への配転命令を行ったものの、労働者がこれを拒否したことから、これを理由に普通解雇としたものです。

しかし、配転命令は、労働者が労働組合の執行委員長となったのちに行われ、同部署での業務も、接客マニュアルの書き写し作業や電子データがあるにもかかわらずタックシールを手書きで作成するものであったことなどから、業務上の必要性を認めず、配転命令を無効としました。

裁判例：欠勤の事前許可を怠り無断欠勤と判断されたもの

平成30年1月19日福岡高裁判決（133・NPO法人Ｂ会ほか事件・

控訴審）は、原審（平成29年2月21日長崎地裁判決（110・NPO法人B会ほか事件））の判断を維持し、無断欠勤を理由とする解雇を有効としました。

　この事件は、NPO法人において、理事による施設利用者に対するセクハラ行為が問題となり、利用者から相談を受けた労働者が、理事の解任を求めるなどする中で、事前の申出なく無断欠勤したことから解雇されたものです。

　就業規則には、職員が欠勤するにあたっては事前に申し出て許可を得なければならず、傷病のため欠勤が3日以上に及ぶときは医師の診断書を提出しなければならないことが定められていました。

　裁判所は、労働者の症状等から、許可を得なかったことがやむを得ないという状況になかったとして、労働者の欠勤を無断欠勤と判断しました。

　その上で、裁判所は、事業場の規模に触れ「被控訴人ＮＰＯ（注：使用者）が開設する施設は少人数の職員で運営されており、取り分け、引用に係る原判決の前提事実のとおり、Ｅ事業所で稼働する職員は4名で、うちパンの販売（利用者の送迎等も含まれる。）を担当していたのは被控訴人甲野（注：労働者）以外に1名いるのみだったことに照らすと、職員が正当な理由もなく欠勤すると、ほかの従業員に過大な負担を掛けることとなり、その勤労意欲を減退させ、ひいては職場の秩序を乱し、事業の運営に支障を生ずることになりかねないことからすれば、就業規則15条1項において、欠勤等について事前に申し出て許可を受けなければならないと規定すること自体は合理的なものであり、このような規定をもって直ちに無効であるとはいえない。」と判断しています。

〈補足説明〉
　業務命令権は、労働契約の基本的な内容をなすものですが、業務

命令が一般的な法秩序に違反する場合や、就業規則の例外規定（例えば、配転命令を拒否するための「正当な理由」や欠勤の許可等の規定）に該当する場合であれば、労働者がそれに応じなくとも業務命令違反とはなりません。

　そのため、労働者が業務命令に応じない場合には、その理由を確認する必要があります。

　平成30年1月19日福岡高裁判決（133・NPO法人B会ほか事件・控訴審）が、労働者の欠勤について、許可を得なかっただけで無断欠勤と判断せずに、労働者の症状等を考慮の上、無断欠勤と判断したのはこのためです。

（2）業務命令違反と勤務態度 ～注意・指導に対する反発～

Q

業務命令違反を理由とする解雇はどのような場合に有効と判断されますか。

A

指導や注意に従わず、それに対して反発する態度をとり、業務命令違反に対する認識がなく、改善の意欲がないといえるような場合に有効と判断されています。

【問題の所在】

　業務命令に違反すること自体、債務不履行といえますが、それだけですぐに解雇できるのでしょうか。

裁判例：上司の承諾を得ないまま広告を掲載したもの

　平成29年4月19日東京地裁判決（119・日本コクレア事件）は、マーケティング＆デジタル・コミュニケーションズ・スペシャリストという職位で採用された労働者について、勤務成績及び勤務態度

不良を理由とする解雇が有効と判断されたものです。

　裁判所は「原告（注：労働者）は、使用者が従業員に対して通常求める姿勢である、上司の指示、指導等に素直に耳を傾け、上司の意見を取り入れながら円滑な職場環境の醸成に努力するなどといった点に欠ける面が顕著であるといえ、再三の被告（注：使用者）からの指示、指導及び警告にかかわらず一向に改善の意欲も認められないことからすれば、原告と被告との労働契約における信頼関係は、本件解雇時点においてもはや回復困難な程度に破壊されていると評価せざるを得ず、被告としては、職場全体の秩序、人間関係への悪影響等に鑑み、職場内の規律維持等の観点から対応せざるを得なかったといえる。」

　「本件訴訟においても、原告は、H医科大学の実習テキストに勝手に広告を掲載した点…について、わずか数十名に配られる大学の手術テキストへの宣伝掲載で、広告というには大げさであり、C部長が管理すべき内容ではなかったと主張したり…、上司の指示でも納得できなかったらやらなくてもいいと述べる…など、自己の考え方に固執し続けており、このことは、本件解雇以前から職制を踏まえた行動をする意思がなかったことを推認させ、原告の処遇の困難性を示している。」として解雇事由に該当すると判断しました。

　裁判所は、その判断の前提として次のような事実を認めています。

①　労働者が、本社から寄せられた苦情について、苦情の意味を理解しようとすることなく、誰のコメントに基づくものであるかを明らかにするよう執拗に求めたこと。

②　設定するように求められた本社との電話会議を自己の判断で必要ないとして断ったこと。

③　上司の了解が必要な催し物の参加について、「参加するのに、いちいちCさん（注：部長）の了解いるなら参加しません。」と述べて出席しなかったこと。

④ 上司から広告掲載に関する説明を求められながらそれに応じず、上司の承認のないまま勝手に広告を掲載したこと。

⑤ 労働者が、社長及び部長から勤務評価を受け、改善点等について説明を受けた際、「能力に関して自己評価よりはるかに悪い評価を受けたが、その評価を受け入れて次の勤務評価までに会社の基準を学ぶことを約束する旨の意見を勤務評価書の該当欄に記載して提出した。」こと。

⑥ 労働者は、上司と意見が対立した際、そのやり取りを聞いた2つ隣の部屋の部長がドアを閉めにくるほど大声で上司に反論したこと。

⑦ 上司である部長が不在であることを認識しながら、上司のトレイに有給休暇の申請書を入れるだけで、上司や社長に休暇を取る旨を連絡せず、出社しなかったこと。

裁判例：業務に関与したくないという理由で会議に遅刻・欠席等したもの

平成29年10月18日東京高裁判決（**129**・学校法人Ｄ学園事件・控訴審）は、勤務態度不良等を理由に行われた解雇について、原審（平成29年4月6日さいたま地裁判決・**118**）の判断を覆し、解雇を有効としたものです。

裁判所は「一審原告（注：労働者）には、一審被告（注：使用者）が指摘する問題行動が数多く認められるところ、これらはいずれも、本件学校の一員として、上司や同僚と連携・協力して仕事を進めていくとの意識に欠け、他者の意見に全く耳を傾けず、自らの独善的な考え方に基づき行動し、これに反対する者は、上司であろうとも、相手に対して徹底的な否定評価を加え、反発するというものであり、雇用契約の当初から2年4か月にわたって度々繰り返され、度重なる指導にも改善が認められず、かえって、自己流を是とする一審原

告の反発はエスカレートしていき、本件解雇の直前には、学校長からの指導すら通らない状況に至っていたことが認められる。上記状況からは、今後、一審原告が、本件学校においてその独善的、反抗的な態度を改め、上司、先輩、同僚らと、協力的、友好的な関係を築いていくことができるかは極めて疑わしいといわざるを得ない。」として、2年4か月にわたって注意指導が繰り返されてきたにもかかわらず、改善がみられなかったこと等を踏まえ、「勤務状態が著しく不良で、学園の職員として勤務するには不適当」に該当する事由があるとして解雇を相当としました。

裁判所は、その判断の前提として次のような事実を認めています。

① 労働者が、使用者における重大行事である入試について、問題作成のための入試会議に関与したくないという理由で会議に遅刻、欠席したこと。

② 中学生の定期試験で他の教諭が授業で扱わなかった公式を用いた問題や大学入試レベルの問題を作成し、その事前の了解を得ることなく印刷に回して出題したこと。

③ 中学2年生の定期試験に大学医学部の入試問題を出題したこと。

④ 試験の模範解答の作成について、一般的な解法で解答を示すように修正を指示されながらそれに応じなかったこと。

⑤ 問題集の発注懈怠を指摘されると、他の労働者（教師）の責任であるかのように同人を責め立てたこと。

⑥ 定期試験の問題作成について校長から指摘を受けると「すみませんでした」などと連呼するなどしたこと。

⑦ 定期試験の解説書の修正について指示された際、指示した者の面前で解説書を破り捨てたこと。

⑧ 同僚教諭がバレーボール部員の生徒を勘違いして叱ったことについて、同教諭に対して生徒に土下座をして謝罪するよう強

く要求したこと。

⑨ 教頭に対して、校長のことを「汚い手口を使う人です」等と非難する発言をしたこと。

⑩ 実母名義のクレジットカードで購入した物品について個人研究費の申請をした件で呼び出されても、結婚式の準備があるとの主張をもって呼出を拒否し、重ねて来室を促されると、自ら校長室に出向き、興奮状態のまま大声かつ威圧的な言動をもって校長を問い詰め、自己の主張を繰り返したこと。

裁判例：業務命令に違反する異常な言動を理由とするもの

平成28年10月7日東京地裁判決（**103**・日立コンサルティング事件）は、労働者の勤務態度ないし言動に基づき行われた解雇について有効と判断したものです。

裁判所は、労働者の次のような言動について「異常ともいえる言動があり、原告の誠実に勤務する姿勢が十分であったとは到底いえ」ないと判断しました。

① 労働者は、銀行内での業務委託に配属され、平成25年3月末でその業務を終了することを告げられたにもかかわらず、入館カードの返却等の求めに応じなかったこと。

② 労働者は、上記①の銀行に入館し、上司から再度入館カードの返却を求められるなどする中で、自ら110番通報し、警察官が駆けつけるといった騒ぎがあったこと。

③ 労働者は、上記②について、上司らこそ不法侵入者であるかのように主張し、ミーティングも拒否したこと。

④ 裁量労働対象者であっても1日30分の勤務を必ず要するにもかかわらず、労働者は、出勤も自由に決定できるという独自の判断に基づいて、平成25年5月10日以降、十数日以上にわたって出勤しなかったこと。

⑤　上記②について、暴行・強迫を受けたように日立製作所に対し訴えたこと。

⑥　連絡不備を口実に上司との面談やミーティングを拒否したこと。

⑦　上司に対しメールの受領を拒否し、送信されたメールは破棄すると表明したこと。

⑧　上司からの業務上の指示に従わず、指示に反して勤務状況の報告も行わないこと。

⑨　東京労働局に労働者が送信するメールに自動的に上司にも送信される設定がされたことを不法行為であると苦情を申し立てたこと。

⑩　業務用のメールアカウント及びネットワーク環境を業務以外の目的に用いて業務外の資料を大量に保存したこと。

⑪　上記⑨の設定について、システム管理者を突き止めようと数百回にわたる無用なメール発信を繰り返したこと。

⑫　上司等の関係者に対し、上司を著しく非難するメールを繰り返し送信したこと。

⑬　シニアマネージャーに訴訟を提起しようとする余り「裁判所命令」と称し、部長に対し、個人情報である同シニアマネージャーの住所開示を強引に求めたこと。

⑭　オフィスの出入りに係るセキュリティゲートを、意図的に他の者の直後を歩きすき間を通り抜けるといった方法で多数回突破し、そのことについて注意を受けても改めようとしないこと。

〈補足説明〉

　以上の裁判例を見ればわかりますが、業務命令違反を理由とする解雇が有効とされる場合の多くは、労働者の勤務態度も問題となっています。このことから、業務命令を拒否する理由が正当なもので

ないことを労働者が認識するように注意・指導する必要があり、それに応じず、かえって注意・指導に反発する態度も踏まえて、解雇の効力が判断されることが理解されます。

　労働者の行為が、横領や窃盗といった犯罪行為に該当すれば業務命令違反かどうかの問題ではなくなりますが、軽微な服務規律違反やそれに至らない債務不履行であれば、それが解消されるための注意・指導を経ることが必要となり、それにも応じず、信頼関係が破壊されたといえる程度でなければ解雇は有効とはなりません。

（3）事業の種類や職種の性質 〜事業の基本理念等〜

Q

使用者の特性等を踏まえ、労働者の勤務態度を問題とすることはできますか。

A

勤務態度が不良であり信頼関係が破壊されたと評価するための考慮要素にはなります。

【問題の所在】

　勤務態度が「不良」と評価される上で、使用者の事業の種類やその職種の性質は考慮要素となるのでしょうか。例えば、建設現場において道具を地面に置くことと食品製造工場において同様の行為に及ぶのとでは、道具を地面に置く行為の意味が違ってこないでしょうか。

裁判例：医療機関における労働者の勤務態度を問題としたもの

　平成27年10月7日東京高裁判決（**69**・医療法人社団康心会事件）は、勤務態度等を理由とする医師に対する解雇を有効と判断したものです。これについて、上告審（平成29年7月7日最高裁判決・

124）も上告受理申立てを不受理とし、当該判断が確定しています。

　裁判所は、労働者の行動について「良質な医療の提供の前提となる看護師との連携を著しく困難にさせ、業務遂行に大きな支障を生じさせたことが認められるのであり、このような控訴人（注：労働者）の言動は、医療の提供という被控訴人（注：使用者）病院の中枢の業務の遂行を困難ならしめるもの」と判断し、使用者の定める解雇事由に該当するとともに、解雇が有効であると判断しました。

　裁判所は、その判断の前提として次のような事実を認めています。

①　患者の安全を配慮してICUへ入れた看護部長の判断及び対応が、労働者と連絡が取れなかったことによるにもかかわらず、労働者はそのことで同人を叱責し、その際「あなたはそんなで部長ですか。あなたがそうだから看護師は馬鹿ばかりです。」と発言したこと。

②　労働者が、患者の目が上転していたとして緊急連絡してきた看護師に対し「上転なんかしてないじゃないか」「馬鹿」などと怒鳴り、その怒鳴り声を聞いた患者や家族が病室からナースステーションの様子をうかがうほどであったこと。

③　労働者から血液製剤であるアルブミンを患者に投与するよう指示された看護師が、労働者に対し、病院の規則に則り、患者の同意書を作成するよう求めたが、その作成に応じなかったこと。

④　労働者の申請書の不備が原因で器具の購入がされていなかったにもかかわらず、総務課担当者を呼び出して、同人を厳しく非難したこと。

⑤　手術の際、指導を担当していた後期研修医が、不注意で患者の直腸壁を損傷させてしまったのに驚き、同人に対し、「何やってるんだ。今、どんなことしたかわかってんのか。」と言いながら、同人の前胸部を叩いて叱責したこと。

裁判例：学校の基本理念等を踏まえて判断したもの

平成29年10月18日東京高裁判決（**129**・学校法人D学園事件・控訴審）は、経歴詐称及び勤務態度不良を理由に行われた解雇について、原審（平成29年4月6日さいたま地裁判決・**118**）の判断を覆し、解雇を有効としたものです。

勤務態度不良の理由については、原審はこれを理由とする解雇は相当でないとしたのに対し、控訴審は、解雇として相当性があるものと判断しました。

裁判所は、職場の特性について「一審被告（注：使用者）は、カトリック精神に基づき学校教育を行うことを目的として設立された法人であり…、就業規則…で『職員は、建学の精神であるカトリック主義教育の達成のため『正・浄・和』の精神を基本とし、学園の基本理念達成に互いに努力するとともに、誠意を持ってこの規則を守り、学園の秩序を維持し、人格を尊重、和合協調して、それぞれの職務を積極的に遂行しなければならない。』…、『職員は、業務の正常な運営を図るため、業務上の指揮命令に従い第2条規則の遵守義務を履行し職務に専念しなければならない。』…とされていること、さらには、本件学校が中高一貫教育を標榜する私立の女子進学校であることも考慮に入れて検討すべきである。」としています。

その上で、裁判所は、勤務態度不良については、同僚の教諭に対する反協力的な態度や校長からの指導を受け付けない態度を踏まえ「今後、一審原告（注：労働者）が、本件学校においてその独善的、反抗的な態度を改め、上司、先輩、同僚らと、協力的、友好的な関係を築いていくことができるかは極めて疑わしいといわざるを得ない。」としています。

〈補足説明〉

平成29年7月7日最高裁判決（**124**・医療法人社団康心会事件）

は、使用者が医療機関でなくとも、労働者の勤務態度は相当ではないと思われますが、使用者の事業の特性を理由付けに用いています。

　また、平成29年10月18日東京高裁判決（**129**・学校法人Ｄ学園事件・控訴審）は、労働者が生徒の面前で同僚教師に土下座を強要しようとしたことなどを認定しています。そうすると、使用者が、学校として労働者を雇用し続けた場合、生徒に与える影響を考慮して解雇の効力を判断するには、やはり、その前提としての使用者の基本理念等を踏まえる必要があったものと理解されます。

(4) 復職協議 ～団体交渉時の発言は復職命令か？～

Q

解雇を理由に係争中の労働者が、使用者の復職の提案に応じない場合、業務命令違反となりますか。

A

状況にもよると思われますが、通常は、業務命令違反とはなり難いと思われます。

【問題の所在】

　解雇を係争中の労働者に対し、解雇を撤回するなどして出勤を求めたものの、労働者がそれに応じなかった場合は、業務命令違反となるでしょうか。

裁判例：業務命令ではなく和解協議の提案と判断したもの

　平成27年5月28日東京地裁判決（**61**・ブルームバーグ・エル・ピー（強制執行不許等）事件）は、使用者が、労働者を2度解雇したところ、その2回目の解雇を無効と判断したものです。

　使用者の労働者に対する1回目の解雇について、別の裁判で無効と判断されたことから、判決がまだ確定していない状況でしたが、

労働組合との団体交渉が行われました。

　使用者は、その団体交渉の中で、1回目の解雇における判決の理由中の判断（記者としての能力不足との評価には相応の理由があったものと認められるとした点）を踏まえ、労働者について記者ではなくそれ以外のバックオフィスの業務から、労働者と協議の上決定することを提案（本件提案）しました。しかし、労働者（労働組合）は、これに応じないと述べたことから、使用者は、これを理由に、改めて、2回目の解雇に及びました。

　裁判所は、使用者が解雇理由を業務命令拒否と主張したことに対し、「既に説示したとおり、本件提案は、飽くまで和解協議の提案にすぎず、原告（注：使用者）が業務命令権等の雇用契約上の権利を行使したと評価する余地のないものであり、また、その内容は、復職後の職種について『いわゆるバックオフィスの業務が考えられ』るとし、年収について『400万円〜500万円』とし、これらの復職条件に同意することを求めるものであった…。そうすると、被告（注：労働者）が本件提案を拒否したことをもって、上記復職条件への同意を前提とする和解協議には応じられないとの意思を明らかにしたということはできるが、これをもって、被告が記者以外の職で勤務する意思がないことを明らかにしたとか、被告が記者以外の職で労務を提供することを拒否したなどと評価することはできないというべきである。」として、客観的に合理的な理由とはいえないとしました。

裁判例：復職通知、住居費用及び通勤費の立替の申出等を行ったもの

　平成26年8月20日東京地裁判決（**47・ワークスアプリケーションズ事件**）は、休職期間満了による退職扱いを無効と判断したものです。

この事件では、業務命令そのものが問題となったものではありませんが、使用者から労働者に対し復職するように通知し、労働者が就労できるだけの費用等の立替えを申し出るなどしたため、それ以降、民法536条2項の「責に帰すべき事由」により就労できないとして賃金請求を認めるかどうかが問題となったものです。

　裁判所は、その後の賃金請求を認めず、その理由として、「労働契約においては、当事者は、信義に従い誠実に権利を行使し、義務を履行しなければならないのであるから（労働契約法3条4項）、使用者の労務の受領拒絶により就労が不能となった後、使用者が受領拒絶をやめ、就労を命じた場合においては、労働者も自己の就労が再び可能となるよう努力すべき信義則上の義務があるというべきである。」と述べて、労働者に、信義則上、その就労を可能とするために使用者との協議に応じる義務があったと述べています。

〈補足説明〉

　判決で解雇等が無効と判断され、それが確定しないうちは、労務の提供を受けることなく時間の経過とともに使用者の金銭的負担は増えていきます。

　使用者が労働者を解雇してしまった場合において、訴訟等で負ける見込みが高いときは、解雇を撤回して出勤を命じ、早期に「債権者の責めに帰すべき事由」が解消されたと認められる状況にするべきです。

　平成27年5月28日東京地裁判決（**61**・ブルームバーグ・エル・ピー（強制執行不許等）事件）は、1回目の判決に基づき差押えがされてしまったため、それ以上の賃金の支払いを拒むために2回目の解雇に及んだものでしたが、それが功を奏さなかった事件でした。

❹　休職期間満了による退職

（1）解雇と自然退職の違い 〜「解雇」は避けたい？〜

> **Q**
>
> 休職期間満了で自然退職とする場合と、それを解雇事由として解雇する場合とでは、何か違いがありますか。

> **A**
>
> 契約を終了させるという点では異なりません。「解雇」という用語を使うかどうかという程度しか違いはありません。

【問題の所在】

　就業規則において休職制度を規定する場合、その期間満了により退職となるものもあれば、それを解雇事由とするものもあります。では、実際に休職期間満了となった労働者について労働契約を終了させる場合、これにより何か違いが生じるのでしょうか。

裁判例：制度の趣旨に言及したもの

　平成28年2月25日東京高裁判決（**80**・日本ヒューレット・パッカード（休職期間満了）事件・控訴審）は、原審（平成27年5月28日東京地裁判決・**62**）の休職期間満了による退職を有効とした判断を維持したものです。

　裁判所は、休職制度について「雇用契約上の傷病休暇・休職の制度は、使用者が業務外の傷病によって長期間にわたって労働者の労務提供を受けられない場合に、雇用契約の終了を一定期間猶予し、

労働者に治療・回復の機会を付与することを目的とする制度と解すべき」と述べています。

〈補足説明〉

　休職期間満了による自然退職であっても解雇であっても、業務外の傷病により労務の提供が行えないことを理由に労働契約を終了させるものである以上、自然退職とするか解雇とするか、規定によりその効果が異なるものではありません。

　労働者が、休職期間満了を理由とする労働契約の終了について、権利濫用として争うのであれば、前者であれば、労働契約法3条5項が、後者であれば同法16条が根拠となるだけであり、それ以上の違いはありません。

(2) 主張立証責任 〜休職事由が消滅したこと〜

Q

訴訟手続上、休職期間満了前に復職できたことの証明責任は使用者と労働者のどちらにありますか。

A

一般的には、労働者にあると考えられています。

【問題の所在】

　休職の規定では、主に、労働者から医師の診断書等を添えて復職願を使用者に提出して復職する旨が規定されているのが一般的ですが、訴訟手続においても、休職期間満了前に復職が可能であったこと（休職事由が消滅したこと）は労働者が証明すべきものと認識されているのでしょうか。

平成28年2月25日東京高裁判決（**80**・日本ヒューレット・パッカード（休職期間満了）事件・控訴審）は、労働者が休職事由の消滅を主張したため、その事実に関する主張立証責任について述べたものです。

裁判所は「本件就業規則は、休職期間の満了を雇用契約の終了事由と定める一方、休職期間満了前における休職理由の消滅及び休職者からの復職願の提出を、休職期間満了による雇用契約の終了の効果を妨げる事由と定めていると解される。したがって、被控訴人（注：使用者）は、本件労働契約の終了の効果を生じさせる抗弁として、本件休職命令発令の事実及び休職期間満了の事実を主張立証し、控訴人（注：労働者）は、これに対する再抗弁として、原則として、休職期間満了前の休職事由の消滅及び復職願の提出の事実を主張立証することによって、本件労働契約の終了の効果の発生を妨げることができると解するのが相当である。」と述べています。

平成25年1月31日東京地裁判決（**2**・伊藤忠商事事件）も、休職期間満了による退職を有効と判断したものです。

裁判所は、結果として、休職期間満了までに休職事由が消滅したとは認めませんでしたが、主張立証責任について「使用者である被告（注：使用者）は、労働者である原告（注：労働者）が傷病によって休職を命じられ、就業規則所定の休職期間の満了による雇用契約の終了を抗弁として主張・立証し、原告が復職を申し入れ、休職事由が消滅したことを再抗弁として主張・立証すべきものと解するのが相当である。」「休職の原因とされた疾病が業務に起因することは、休職期間の満了による退職の効果を妨げる再抗弁事実となると解すべきである」と述べています。

【実務上のポイント】

　これらの裁判例からもわかるように、休職期間満了前に休職事由が消滅していれば、自然退職であっても解雇であってもその理由を欠き、いずれであっても無効となります。この場合、自然退職と規定しても解雇事由として規定しても、この点の主張立証責任に違いは生じません。

　そのため、休職命令を命じる場合には、その時点で休職事由が存在したこと及び休職を命じたことが明らかとなるように、診断書等の提出を受け、書面により休職を命じておく必要があります。

　他方で、労務管理上、休職事由が消滅しておらず、復職ができないことまで把握しておく必要はないともいえますが、次のような裁判例もありますので、実務上は、退職扱いとする前に、休職事由が消滅したかどうかを確認しておくほうが無難だと思われます。

裁判例：使用者に休職事由の有無について確認すべきとしたもの

　平成27年3月13日静岡地裁沼津支部判決（59・Ｉ社事件）は、休職期間満了を理由とする解雇が、その時点で休職事由が消滅していたとして無効と判断されたものです。

　裁判所は、使用者が労働者の提出した診断書の記載について主治医に問い合わせるなどして、復職が困難との判断をした上で休職期間を終了させようとしていたことから、労働者が症状の軽快を裏付ける診断書を提出していないことを前提としても「むしろ、被告（注：使用者）の方で産業医等と相談の上原告（注：労働者）の回復状況を確認すべきであったというべきである。」としました。

〈補足説明〉

　この事件の特徴は、使用者が、休職期間を「必要な期間」と規定し、その満了時期を労働者に通知することなく休職期間を満了させ、

退職扱いにした点にあります。

　一般的には、休職命令時、休職期間も明示されるべきですが、この事件では、その期間設定が使用者の裁量に委ねられ、それにより労働者がいつまでに復職を申し出なければならないか、期限が明らかとされていない状況だったことを踏まえ、このような判断がされたものと思われます。

　期間を定め難い場合もあるかと思いますが、医師の意見を聴取し、それを参考に一応の期間を設定し、場合によっては休職期間を延長するという対応をとっておくべきだったように思われます。

（3）休職事由消滅の判断資料 〜医師の診断書〜

Q

休職事由が消滅したことは主にどのような資料から判断されますか。

A

医師の診断書が一般的ですが、注意を要する場合もあります。

【問題の所在】

　休職事由である傷病の状況や就労の可否等は、専門家である医師の判断に頼らざるを得ませんが、それだけを信用してしまってよいものでしょうか。

裁判例：労働者の主治医作成の診断書により判断したもの

　平成30年1月31日名古屋地裁判決（**134**・名港陸運事件）は、休職期間満了による退職を無効と判断したものです。

　裁判所は、休職事由が消滅したことの判断資料について「原告（注：労働者）が提出した医師の診断書（本件診断書）の内容が有力な資料の一つとなることはもちろんであるが、それのみによるのではな

く、原告の休職事由となった私傷病の内容や症状・治療の経過、原告の業務内容やその負担の程度、原告の担当医や被告の産業医の意見その他の事情を総合的に斟酌して、客観的に判断することが相当である。」と述べています。

その上で「本件診断書…には『9月23日以降仕事復帰は可能です』と記載され、しかも、この記述は原告の担当医であったH医師の手書きによるものであるところ、一般に、医師の診断書は、当該医師が職務上責任をもって専門的な見解を対外的に明らかにするものであるから、本件診断書は、原告の復職希望日である平成27年9月23日の時点において原告が『治癒』したと判断する上での有力な資料となるというべきである。」などの理由から、休職事由が消滅していたものと認めました。

裁判例：同一の医師による複数の診断書を前提に判断したもの

平成27年1月14日横浜地裁決定（**55**・コンチネンタル・オートモーティブ（仮処分）事件）は、休職期間満了による退職扱いについて有効と判断したものです。

この事件では、労働者の症状を示す診断書が2通あり、平成26年9月29日に診断され作成されたものには、適応障害を理由として同年10月1日から同月31日まで自宅療養が必要であると記載されていました。

もう1通は、同年10月17日に診断され作成されたものでしたが、「症状が軽快しており、同月27日よりの通常勤務は問題がない」と記載されていました。

裁判所は、使用者の代理人が労働者の主治医と面談した際に確認した内容について「主治医は、債権者（注：労働者）の状態について、うつ病に近く、ぎりぎりうつ病まではいかないという感じであること、…仕事に戻れる状況ではなかったこと、通常は2週間に1

回であるが、毎週通院してもらっていたこと、とともに、同月17日付けの診断書は、債権者が、債務者（注：使用者）からクビを宣告されて、焦って目が覚めたと言ってきて、債務者に戻りたい、頑張ろうと思うと言ってきたので、債権者の希望どおり、通常勤務は問題ないという診断書を書いたこと、制限勤務の診断書では就労可能ではないと判断されてしまうこともあるので、債権者から書いてくださいと頼まれて、通常勤務可能としたこと、解雇となった場合には病状はもっと悪くなると思われたのでそのように書いたこと、などを述べた…。」との事実を認定し、1通目の診断書が医学的にみた労働者の病状を示すものとして、休職事由が消滅していないと判断しました。

　なお、この事件の本訴である平成29年11月15日東京高裁判決（**130**・コンチネンタル・オートモーティブ事件（控訴審））及びその原審（平成29年6月6日横浜地裁判決（**122**・コンチネンタル・オートモーティブ事件））も同様の判断により、休職期間満了による退職扱いを有効と判断しています。

裁判例：使用者の提出した医師の意見書を信用できないとしたもの

　平成30年5月10日横浜地裁判決（**137**・神奈川SR経営労務センター事件）は、2名の労働者が、それぞれ精神障害を発症し休職しましたが、いずれも休職期間満了による退職が無効とされたものです。

　裁判所は、労働者のいずれもについても、就労可能との医師の意見が記載された診断書等を理由に「従前の職務を通常の程度に行える健康状態に回復していたものと認められる。」として、休職事由が消滅したと判断しました。

　反対に、使用者が提出した就労不可の状態であった旨の記載のあ

る医師の意見書については、次のとおり、医師自身の証言を踏まえ信用できないと判断しました。

「しかしながら、K医師自身も、意見書において、原告（注：労働者）甲野について、『精神科領域の対応や治療を必要とするような症状ではない』…と述べるとともに、原告らについて、面談時、医学的には病気ではなく、投薬等の医療行為も必要ではなかったと証言していること…からすれば、原告らの休職事由となった本件うつ状態及び本件適応障害が寛解し、本件各退職扱いの時点で従前の職務を通常の程度に行える健康状態に回復していたことを否定しているものではないということができる。」「そして、K医師が復職不可とする理由は、結局のところ、休職前の状況からすると、職場の他の職員に多大な影響が出る可能性が高いというものであるが…、これは、原告らの休職事由となった本件うつ状態及び本件適応障害が寛解し、従前の職務を通常の程度に行える健康状態に回復したか否かとは無関係な事情ということができる。」

【実務上のポイント】

労働者から診断書が提出された際には、産業医がいれば産業医から意見を聞くことが適当ですが、産業医がいない場合には、可能であれば、労働者の同意を得て、診断書を作成した医師に確認をしておくべきです。

また、診察を受けた労働者自身であれば、主治医に対してカルテの開示を求めることができるはずですので、労働者から診断書だけでなくカルテも提出してもらい、治療経過を確認しておいてもよいと思われます。

（4）休職事由 〜就労不能の状態〜

Q

どのような場合に、休職事由があると判断されていますか。

A

症状が比較的重篤な場合が多いように思われます。

【問題の所在】

能力不足と同様に、就労不能は債務の履行を受けられないため、典型的な解雇事由にあたるはずですが、その程度は問題とならないでしょうか。

裁判例：リハビリ出勤を経て退職扱いとされたもの

平成29年3月28日名古屋地裁判決（117・NHK（名古屋放送局）事件）は、テスト出局（リハビリ出勤）を経た上で、精神疾患による休職期間満了を理由に行われた解職（解雇ないし退職と同義）について、有効と判断したものです。控訴審（平成30年6月26日名古屋高裁判決（139・NHK（名古屋放送局）事件・控訴審）では賃金支払請求を除いて、判断が維持されています。

裁判所は「テスト出局において定められた出退局時刻を守って出局することは、精神科領域の疾患に罹患した職員が復職するためのステップとして重要なことで、医学的にも相当性が認められる」として、労働者が、予定された出局時刻より30分遅れて出局し、さらに予定した時刻より前に退局したこと等を指摘した上で、3名の医師の意見について「原告（注：労働者）の疾病に対する診断名は分かれているが、それぞれ必ずしも矛盾する概念ではなく、厳格な診断名の特定は困難で…、いずれかの意見を積極的に否定する医学的な根拠があるわけではないし、いずれの意見も、原告がストレス

負荷に対し、気分や感情の変調を来し、衝動的又は感情的で、攻撃的な対応を行う面があり、それに根本原因があることを指摘している点では一致しており」と指摘し休職事由が消滅したと認められないと判断しています。

裁判例：身体の障害により業務に耐えられないと認められたもの

　平成25年10月4日東京地裁判決（**15・カール・ハンセン＆サンジャパン事件**）は、休職期間満了ではなく、「身体の障害により、業務に耐えられないと認められたとき」を理由とする解雇について、有効と認めたものです。

　裁判所は、解雇の理由について「原告（注：労働者）は、平成22年5月頃、ギラン・バレー症候群及び無顆粒球症に罹患し、それから平成24年5月2日までの間、C病院及びD病院で入院治療を受けており、その間、平成23年3月頃までは起立不能及び上肢機能全廃、同月頃から同年7月頃までは起立困難、上肢機能全廃、同月頃から同年9月頃までは独歩困難、上肢機能全廃、同月頃から同年11月頃までは独歩困難、手指機能障害（握力0kg）などと診断され、徐々に回復していた様子は窺われるものの、いずれも就労不能である旨診断されていた」「平成25年2月の意見においても、原告は、歩行が可能なのは、歩行器等の補助具を用いた屋内の100m弱程度の距離であった、PCのキーボード操作や書字自体は可能であるが、週刊誌程度の重さの物のつまみ動作はできなかったというのである。」として、「身体の障害により、業務に耐えられない」にあたると判断しました。

　また、相当性について「原告は、ギラン・バレー症候群及び無顆粒球症の治療のために入院してから本件解雇予告までの約1年7か月の間、就労することができない状態にあり、その間、被告の原告に対する、3か月分の給与を支払うことで退職して欲しい旨の打診

に対し、原告が、失業保険の受給の関係で欠勤期間を平成23年11月以降まで延長して欲しい旨の要望をし、被告がこれに応えて同年11月以降まで解雇を見合わせていた等の事情が認められる。」として、相当性も認めました。

〈補足説明〉

　休職制度自体が解雇猶予の性質を持っていることから、休職事由の存在及び期間の満了が解雇理由になり、解雇猶予をどれだけ行ったか、つまり、休職期間の長さや、退職に至るまでの手続等が相当性を基礎付ける事実にあたるものとして判断されています。平成25年10月4日東京地裁判決（**15**・カール・ハンセン＆サンジャパン事件）はそのような点を考慮しての判断といえます。

　また、休職規定には、休職期間の延長の規定があるはずですので、労働者の症状を確認し、その意向を聴きながら、休職期間の延長も検討した上で、最終的な就労の可否を判断するのが相当ではないかと思われます。

（5）その他 〜休職規定の適用等〜

Q

休職規定の適用にあたり、注意することはありますか。

A

規定に従った運用を行わなければ休職命令自体無効となりますし、規定の内容が不当でないことにも注意する必要があります。

【問題の所在】

　休職制度は、基本的には使用者の裁量により規定し得るものですが、どのような内容の規定も許容されるのでしょうか。

　また、規定どおりに運用されなかった場合どのようになるので

しょうか。

裁判例：休職開始日を誤って適用したため無効と判断したもの

　平成28年2月12日京都地裁判決（78・石長事件）は、休職期間満了による退職について、要件を欠く休職命令であることを理由に無効と判断したものです。

　就業規則には、「業務外の傷病により引き続き1ヵ月を超えて欠勤したとき」休職を命ずるとの規定がありましたが、使用者は、労働者が平成25年4月18日、通勤途中に交通事故に遭い、同日以降休業したことから、その日から休職となったものとして取り扱いました。

　これについて裁判所は、休職命令について「被告（注：使用者）の就業規則では、『業務外の傷病により引き続き1ヵ月を超えて欠勤したとき』に休職を命じ、その場合の休職期間が6か月と定められているから、休職期間6か月の起算日は、1か月を超えた欠勤後に休職命令がされた日であると認められる。」として、就業規則上の要件を欠く休職命令として無効と判断しました。

裁判例：使用者による復職の判断を要しないとしたもの

　平成26年8月20日東京地裁判決（47・ワークスアプリケーションズ事件）は、休職期間満了を理由とする退職扱いについて無効と判断しましたが、復職の要件と規定された「休職期間が満了し、傷病が治癒し且つ通常勤務に耐えられる旨の会社が指定した医師の作成した証明書の提出を求め、復職できると会社が認めたとき」の解釈適用が問題となりました。

　裁判所は、当該規定について「労働者が債務の本旨にしたがった履行の提供をしているにもかかわらず、使用者の復職可能との判断や、使用者の指定した医師による通常勤務に耐えられる旨の診断書

が得られないことによって、労働者が、就労を拒絶されたり、退職とされたりするいわれはないから、『傷病が治癒し且つ通常勤務に耐えられる旨の会社が指定した医師の作成した証明書の提出を求め、復職できると会社が認めたとき』とは、傷病についての医師の診断書等によって労働者が債務の本旨にしたがった履行の提供ができると認められる場合をいい、被告（注：使用者）の復職可能との判断や被告指定の医師の復職可能との診断書等は要しないというべきである。」と述べました。

　そして、労働者の提出した「復職の際には、配置転換等環境面の配慮が不可欠と考える。また、復職後、短くとも1か月は残業等過重労働を控えることが好ましい。」との記載のある診断書を前提に、復職要件を満たしていたものと判断しました。

裁判例：使用者の内規による復職可否の判断を否定したもの

　平成26年11月26日東京地裁判決（53・アメックス（休職期間満了）事件）は、労働者のうつ病を理由とする休職期間満了による退職について、無効と判断したものですが、使用者の作成した復職の可否を判断するための次のような内規の適用が問題となりました。

① 　本人が職場復帰に対して十分な意欲を示している。

② 　通勤時間帯に1人で安全に通勤ができる。

③ 　復職する部門の勤務日、勤務時間の就労が継続して可能であること。

④ 　業務に必要な作業をこなせること。

⑤ 　作業等による疲労が翌日までに十分回復していること。

⑥ 　適切な睡眠覚醒リズム。

⑦ 　昼間の眠気がないこと。

⑧ 　業務遂行に必要な注意力・集中力が回復していること。

⑨ 　休職期間が満了するまでに問題なく職務が遂行できる健康状

態に回復していること。

裁判所は「使用者が休職制度を設けるか否かやその制度設計については、基本的に使用者の合理的な裁量に委ねられているものであるとしても、厚生労働省が公表している『心の健康問題により休業した労働者の職場復帰支援の手引き』…から、本件内規中に掲げた本件判定基準9項目を全て満たした場合にのみ復職を可能であるとする運用を導くことは困難である。」「また、証拠…によれば、本件内規は、平成23年7月頃、被告（注：使用者）人事部において、業務外傷病により傷病休暇及び療養休職を取得した従業員の復職判断のための内部資料として作成されたものにすぎず、従業員には開示されていないから、上記の運用が本件雇用契約の内容として、原告（注：労働者）の復職可否の判断を無条件に拘束するものではない。」と判断しました。

裁判例：試し勤務を経て休職事由が消滅したと判断されたもの

平成28年9月28日東京地裁判決（**102**・綜企画設計事件）は、うつ病を発症した労働者の休職期間満了による退職の効力を判断したものです（結論として無効としています）。

この事件では、休職期間満了にあたり、その翌日から復職して勤務する旨の連絡が労働者からあったものの、提出された診断書に残業等の就業制限を行うことが望ましいとの記載があったことから、使用者と合意して、3か月間の試し勤務を行うこととなりました。

労働者は、休職期間満了時に試し勤務を開始したことから、これにより復職したため、退職扱いは無効であると主張したところ、裁判所は「被告（注：使用者）が、…原告（注：労働者）に対して交付した通知には、『試し出勤は、期間を区切り、業務状況・勤怠等の見極めにより面談を行い、傷病診断書（必要に応じ会社が医師との面談相当を行う）結果、復職可能かの審査を行う期間とします。』

とされているところであり、就業規則上も、休職期間は延長することがあり、復職させる際は別に定める『職場復帰支援プランを用いる』と定められているのであるから、被告としては、原告の復職を直ちに認めるということではなく、その可否を審査するため、休職期間を延長する意思であったものと理解するのが合理的であり、そのことは上記通知書を受領した原告においても認識可能であったといわざるを得ない。」などとして、これにより復職した（休職事由が消滅した）ものとは判断しませんでした。

　もっとも、試し勤務中の労働者の状況から、裁判所は「原告のうつ病又は抑うつ状態は、完治していないとしても従前の職務を通常程度行うことができる状態に至っていたか、少なくとも相当の期間内に通常の業務を遂行できる程度に回復すると見込まれる状況にあったと判断される。」として、休職事由が消滅したものと認めました。

5 整理解雇

（1）主張立証責任 ～手続が不相当であったことは労働者が証明～

Q

> 整理解雇の4要素について、全て使用者が主張立証しなければなりませんか。

A

手続の相当性については、それが不当であったことについて、労働者が主張立証責任を負います。

【問題の所在】

　整理解雇は、使用者側の都合により行われることからすれば、その有効性を判断するための4要素も、使用者が主張立証しなければならないでしょうか。

裁判例：使用者が主張立証しないため無効と判断したもの

　平成25年11月15日大阪地裁判決（**19**・大阪運輸振興（解雇）事件）は、労働者に対する解雇を整理解雇と判断した上で、無効としたものです。

　使用者は、大阪交通局から事業の委託を受け、労働者は、操車場業務に従事していたところ、事業の委託が廃止され、それ以降、その業務に従事する者がいなくなりました。それに伴い、労働者に対して職種及び期間の定めについて労働条件の変更が申し入れられま

したが、最終的に解雇となりました。

裁判所は「本件雇用契約に職種限定の合意があったとは認められず、また、原告（注：労働者）の勤務態度に問題がなかったことは当事者間に争いがないから、本件解雇は、いわゆる整理解雇に当たるというべきであ」るとして、4要素を総合考慮して判断すべきであると述べました。

その上で「本件解雇が有効といえるためには、被告（注：使用者）において、少なくとも、人員削減の必要があること、解雇回避努力を尽くしたこと及び解雇者の人選が合理的であったことを主張立証する必要があると解される。」と述べ、使用者が、その主張立証をしなかったために解雇を無効と判断しました。

（2）整理解雇か否か
〜整理解雇とは異なる理由の解雇の可否〜

Q

整理解雇を検討していたところ、特定の労働者を別の理由で解雇することはできますか。

A

理由があれば、できないことはありません。

【問題の所在】

整理解雇は、使用者側の事情で行われることから、有効と認められるためのハードルが必然的に高くなります。

では、人員削減の必要性がありながら、他の理由で解雇することは可能でしょうか。

　平成26年1月30日東京地裁判決（**26**・トライコー事件）は、適
格性を欠くことを理由とした解雇を有効と判断したものです。

　裁判所は、労働者が「本件解雇当時、被告（注：使用者）には人
員削減計画が存在し、本件解雇は、被告の経営上の都合による実質
的な整理解雇であって、解雇権を濫用する意図の下に行われたもの
である」と主張したことについて「被告は、本件解雇について、被
告の経営上の都合による解雇であると主張するものではない。そし
て、人員削減計画の存在をもって直ちに解雇権を濫用する意図が認
められるというものでもなく、…原告（注：労働者）には、被告就
業規則所定の解雇事由があると認められる以上、他に解雇権の濫用
を根拠づける事情が認められない限り、本件解雇が解雇権の濫用に
当たるということはできない。」として、整理解雇ではないものと
して判断しています。

　平成26年2月25日大阪地裁判決（**30**・学校法人金蘭会学園事件）
は、一部の学部閉鎖に伴う整理解雇の対象となった労働者について、
解雇を無効と判断したものです。控訴審である平成26年10月7日
大阪高裁判決（**50**・学校法人金蘭会学園事件・控訴審）でもその判
断は維持されています。

　使用者が、整理解雇の4要素を基準とすることは、職種及び勤務
地を限定しない雇用形態に妥当するものであり、本件には不適当と
主張しました。

　これに対し裁判所は「原被告間の雇用契約が、担当科目等の職務
内容等に何らかの具体的な限定を加える合意を伴うものであったと

認めるに足りる証拠はなく、むしろ、被告（注：使用者）に雇用されて以来、本来の専攻分野である中国古代史との関連を有しながらも、それにとどまらず文学や文化史にわたる内容の教養科目や生活文化学科の専門科目など、様々な授業科目を担当してきた実績がある。」「むろん、大学教員としての職務の性質上、本来の専攻分野からかけ離れた授業科目を担当することはできず、担当職務の変更にはおのずと制約があり、大学に生じた事情次第では解雇をいかようにも避けがたい事態も生じ得ると考えられるから、整理解雇法理の適用に当たっても、その点の考慮は必要となるが、原告（注：労働者）に関する上記の事情に鑑みれば、本件解雇について、整理解雇法理の適用を免れる理由はないというべきである。」としました。

（3）人員削減の必要性の程度
～「高度の必要性」は認められない？～

Q

人員削減の必要性は否定されにくいのでしょうか。

A

必要性自体は否定されにくいですが、容易にその必要性が高かったと判断するというものでもありません。

【問題の所在】

人員削減の必要性は、経営判断であるため、経営の専門家ではない裁判所の立場からすれば、使用者の判断を否定しにくいと考えられています。

もっとも、そうであっても必要性に疑問を抱く場合に、裁判所はどのような判断を行うのでしょうか。

裁判例：「極めて高度な必要性」を否定したもの

　平成25年9月11日東京地裁判決（**12**・ロイズ・ジャパン事件）は、経営上の必要性を理由に行われた整理解雇について無効と判断したものです。

　裁判所は、減収が見込まれることを理由に人員削減の必要性は認めながら、「収入の削減額を350万ポンドとすべき根拠は明らかではないし、一件記録を精査検討しても、この350万ポンドの削減を単年度で実現しなければ被告（注：使用者）が倒産し又は高度の経営危機に瀕することを認めるに足りないから、人員削減の必要性の程度としては、被告が主張するような極めて高度な必要性があったものと認めることはできない。」としています。

裁判例：一つの営業所の労働者全員を解雇する必要性は否定したもの

　平成25年11月13日東京高裁判決（**19**・ザ・キザン・ヒロ事件・控訴審）は、原審（平成25年7月30日さいたま地裁判決・**11**）の判断を維持し、整理解雇を無効と判断しました。

　タクシー会社である使用者は、倒産を回避するために足立営業所におけるタクシー事業を売却して現金化するほかとるべき方策が全くなかったことから、当該営業所の労働者を解雇せざるをなかったと主張したのに対し、裁判所は「本件解雇当時の控訴人（注：使用者）の経営状況からみて、人員削減を含む抜本的な経営再建策を実行する必要性があったとは認められるものの、経営を再建するために直ちに事業の一部を売却して現金化するほかない状態にあったとまで認めることは困難であるから、足立営業所に勤務する乗務員の全員を解雇するほどの必要性があったということはできない。」としました。

裁判例：必要性が高かったとは認めなかったもの

平成25年12月18日東京地裁判決（**23・ソーシャルサービス協会事件**）は、財団法人の東京第一事業本部の事業に従事していた労働者に対する、同事務所の閉鎖に伴う整理解雇を無効と判断しました。

裁判所は、法人東京第一事業本部の事業に従事していた労働者が余剰人員となっていたことを認めながらも「被告（注：使用者）は同年3月時点において2億円を超える現預金を保有しており、上記余剰人員を削減しなければ債務超過に陥るような状況になかったことは明らかであり、人員削減の必要性が高かったものと認めることはできない。」としています。

裁判例：危機的状況にあったとまではいえないとしたもの

平成27年7月29日福岡地裁判決（**67・学校法人杉森学園事件**）は、高校の教諭に対する、学科廃止に伴い行われた整理解雇について、無効と判断したものです。

裁判所は、人員削減の必要性について、毎年度平均5,000万円を超える多額の損失を計上していたことから一応は肯定しながらも、融資を受けられることにより資金ショートに陥る危険性がなかったことから「整理解雇による人件費削減等をしない限り、直ちに経営破たんに陥ってしまうような危機的状況にあったとまではいうことができない。このような状況の下における整理解雇が正当化されるためには、相応の解雇回避措置が尽くされていなければならないというべきである。」としました。

裁判例：倒産が避けられないといった高度の必要性はないとしたもの

平成28年7月25日津地裁決定（**97・ジーエル（保全異議）事件**）は、原審（平成28年3月14日津地裁決定・**83**）が期間途中の解雇

を無効と判断して行った仮処分決定を認可したものです。

　人員削減の必要性については、業務委託者の工場閉鎖、減産及びこれに伴う工場受入人数を60名規模で削減してほしい旨の生産調整依頼並びにそれ以降の操業率の低下、仕事量の減少及び財務状況として貸借対照表上、累積赤字を計上していたことなどに照らして、否定できないとしました。

　しかし、解雇後、解雇されなかった労働者の仕事量の動向として休日労働時間の増加などがみられたこと、使用者の関連会社が労働者の新規募集をしていること、及び財務状況として解雇がなされた決算期は3,608万6,426円の経常利益を計上し、累積赤字も前期に比べ8,344万6,684円減少していたことが認められたことから「本件解雇において、人員削減の必要性そのものは否定できないものの、債務者が倒産の危機に瀕しており、本件解雇をしなければ倒産が避けられないといった高度の必要性までは認められない。債務者（注：使用者）も自認するとおり、本件解雇は、『機動的な企業再編』という戦略的なものに過ぎない。」と判断しました。

裁判例：21人を対象として削減するまでの必要性はないとしたもの

　平成26年2月25日大阪地裁判決（30・学校法人金蘭会学園事件）は、一部の学部閉鎖に伴う整理解雇の対象となった労働者について、解雇を無効と判断したものです。控訴審である平成26年10月7日大阪高裁判決（50・学校法人金蘭会学園事件・控訴審）でもその判断は維持されています。

　裁判所は、人件費の削減等により経費の節減に努めるという、経営改善計画の基本方針は合理的なものということができるとしながらも、①労働者が解雇された年度で教養科目を担当し相当数の学生が受講したコマがあったこと、②翌年度のカリキュラムにおいても

教養科目とみられる講義はなお相当数設定され、担当教員の公募も行われていたこと、③財政面におけるキャッシュフローの黒字化や学納金に占める人件費の比率の低下等を踏まえ、「財政面から見ても、平成21年度には教育研究活動のキャッシュフローの黒字化を早くも達成し、学納金に占める人件費比率も平成19年度の約199％から約93％にまで低下し、帰属収支差額の赤字も解消には及ばないにせよ一定程度は圧縮できていたのであり、経営改善計画の目標達成までは未だ道半ばであったとはいえ、着実に成果を上げつつあったということができる。」などの理由から、教員数88名のうち、21名もの教員を人員削減の対象としなければならないほど人員削減の必要があったとは認められないと判断しました。

(4) 解雇回避措置　～希望退職の募集等～

Q

解雇回避措置としてはどのようなものがありますか。

A

希望退職の募集や退職勧奨の実施などが一般的で、再就職支援のようなものもこれに含まれます。

【問題の所在】

人員削減の必要性がある以上は、解雇を避けつつ、人員を減らすため希望退職の募集や退職勧奨が行われますが、内容によっては措置として十分でないと判断される場合があります。

裁判例：削減対象となった職務とは別に全員を対象に希望退職の募集をすべきと判断したもの

平成25年9月11日東京地裁判決（**12・ロイズ・ジャパン事件**）は、整理解雇について無効と判断したものです。

裁判所は「被告（注：使用者）は、平成24年1月31日に同年3月末日で失われる5つの職務（本件5職務）を特定して発表し、本件5職務に現に従事していた5名の従業員に対し退職勧奨を行ったものの、その余の15名の従業員に対しては希望退職募集を行っていない」として、解雇回避措置が不十分だったとしています。

裁判例：解雇後に行った就職の勧誘等を十分な措置と認めなかったもの

　平成25年11月13日東京高裁判決（**19**・ザ・キザン・ヒロ事件・控訴審）は、原審（平成25年7月30日さいたま地裁判決・**11**）の判断を維持し、整理解雇を無効と判断しました。

　タクシー会社である使用者は、倒産を回避するために足立営業所におけるタクシー事業を売却して現金化するのに伴い、同営業所の労働者全員を解雇したところ、裁判所は「控訴人（注：使用者）は、足立営業所の従業員全員を解雇することを前提として、K社との間で事業用自動車譲渡契約又は事業譲渡契約を締結し、特段の解雇回避措置を採ることなく本件解雇を実行したものであり、本件解雇後、事業譲渡先であるK社に被控訴人（注：労働者）らを含む控訴人の乗務員の情報を提供して雇用の要請をしたり、解雇された従業員の一部に対してK社への就職を勧誘するなどしたとしても、被控訴人らの雇用確保のための措置として十分なものであったとはいえず、結局、控訴人において解雇を回避するための十分な措置を採ったということはできない。」としました。

　平成27年7月29日福岡地裁判決（**67**・学校法人杉森学園事件）は、高校の教諭について、学科廃止に伴い行われた整理解雇について、無効と判断したものです。

　裁判所は、使用者が退職勧奨は実施したものの、労働者に対する

解雇の後に希望退職者を募集している点を指摘し「本件解雇に先立って、希望退職者募集等の相応の解雇回避措置が尽くされていなければならないというべきである」として、十分な解雇回避措置を尽くしたと評価しませんでした。

裁判例：雇止めを前提とした措置について回避努力を否定したもの

平成27年10月15日横浜地裁判決（**70**・エヌ・ティ・ティ・ソルコ事件）は、解雇ではありませんが、15年7か月にわたり期間1年又は3か月の雇用契約を約17回更新したパートタイム社員に対する雇止めが、労働契約法19条1号に該当するとした上で、相当ではないと判断したものです。

裁判所は、使用者が雇止め対象者には雇用継続の希望を確認し、希望者全員に他業務の紹介及びグループ会社の求人情報の提供をしていたと主張したことについて、「被告（注：使用者）のいう他業務への転出の勧めは、…他業務の内容等を掲示して紹介するというものにとどまり、他業務を希望する社員は改めて他業務の担当部署で採用面接を受けなければならず、適性がなければ採用されないのであるから、雇止め回避策としては不十分であるといわざるを得ない。」などとして、この措置は雇止め回避策ではなく、雇止めを前提とした不利益緩和策にすぎないと判断しました。

裁判例：希望退職の条件が不十分であり配転等により解雇を回避することが可能であったと判断されたもの

平成28年7月25日津地裁決定（**97**・ジーエル（保全異議）事件）は、原審（平成28年3月14日津地裁決定・**83**）が期間途中の解雇を無効と判断して行った仮処分決定を認可したものです。

裁判所は「債務者（注：使用者）は解雇回避努力の一環として、

希望退職者を募集したことを挙げるが、希望退職の条件は30万円の慰労金…にとどまり、非正規雇用とはいえ、長期間にわたり反復継続して就労してきたであろう従業員らに対し、希望退職を募る退職条件として十分なものとは言えない。」「さらに、債務者は、これまで、三重工場で操業率の低下があったときには、Ｄ工場に配転・出向させることで対処していたところ…、本件解雇後も、Ｄ工場では労働者の新規募集がなされているというのであって…、債権者らを解雇するのではなく、Ｄ工場に配転・出向させることで、本件解雇を回避することが可能であったものと認められる。」として、債務者が解雇回避努力を尽くしたとはいえず、解雇回避措置の相当性は認められないとしました。

裁判例：合意解約の同意書の提出を就職斡旋の条件としたことが相当でないとされたもの

平成29年12月25日岐阜地裁多治見支部判決（**132**・エヌ・ティ・ティマーケティングアクト事件）は、解雇ではありませんが、雇用期間を3か月とする有期労働契約を反復更新してきたところ、平成27年10月1日以降の契約更新をしなかった雇止めを相当でないとしたものです。

裁判所は、雇止め回避努力としての斡旋措置について、同意書の提出を必要としていたところ「本件同意書には、不動文字により、『私は、県域営業部の体制見直し等に伴い、貴社との雇用契約が平成27年11月30日を限度に雇用終了となることについて合意します。』との文言が記載されていた…ことから、本件同意書は、…本件斡旋措置を受ける前提条件として、平成27年11月30日をもって雇用契約を終了することに合意することを求めるものであったと認められる。」「本件同意書を提出した場合には、雇用契約を合意解約した又は雇用契約の更新の申出をしなかった若しくは申出を撤回したこと

から労契法19条の要件を欠くとして、同条の保護を受けられず、ひいては職を失う危険を負うことになる。現に被告(注：使用者)は、本件同意書を提出しなかった原告（注：労働者）らについては再就職先の斡旋等をしていない…。」「本来更新されるはずの雇用契約が更新されなくなり、契約社員を失職させるような危険を伴う本件同意書を、再就職の斡旋が成立しているわけでもなく、就職のめども立っていない段階において、提出させようとする被告の対応は、殊更に合意による雇用契約の終了という状況を作出し、本来労契法19条によって保護されるべき契約社員らから同条による保護を奪うものといわざるを得ない。」として、相当なものとは認めませんでした。

> ### 裁判例：労働時間短縮の求めに応じなかった者を対象とした際の説明を労働者が問題としたもの

　平成26年３月13日札幌高裁判決（**33**・日本郵便（苫小牧支店・時給制契約社員Ｂ雇止め）事件・控訴審）は、労働者に対する解雇ではなく雇止めについて、原審（平成25年７月30日札幌地裁判決（**10**・日本郵便（苫小牧支店・時給制契約社員Ｂ雇止め）事件））の判断を取り消して、相当と判断したものです。

　使用者は、雇止めの人選について労働時間短縮に応じた者と応じなかった者とが分かれた場合には、後者から優先的に雇止めを行っていくという方針をとっていたところ、労働者は、その方針を告知しなかったことが、労働時間短縮を求める際の真摯な説得、説明を欠いたものであり、雇止め回避のための努力を尽くしていなかったと主張しました。

　しかし、裁判所は「労働時間短縮に応じた者と応じなかった者とがいた場合には、後者がより雇止めのリスクが高くなるであろうことは容易に認識できたものと認められるから、控訴人（注：使用者）

が、被控訴人（注：労働者）に対し、労働時間短縮に応じた者と応じなかった者とが分かれた場合には、後者から優先的に雇止めを行っていくということを一般的方針の形で告知しなかったことに特段問題があったということはできない。」と判断しました。

　この事件では、事業所内の掲示板に「業務量の減少等に伴う雇用調整について」との書面が掲示され、希望退職者が少ない場合には期間雇用社員の自支店内の配置換又は勤務日数・勤務時間の短縮を実施し、それでも調整がつかない場合は雇止めをする旨が記載されていました。また、労働者に配布された意向調査書には、勤務時間の短縮や担務の変更に応じても、必ずしも雇用契約を更新できるとは限らない旨が記載されていたことが認められています。

【実務上のポイント】

　以上の裁判例からもわかるように、程度の差があるとしても、解雇（ないし雇止め）を通告するよりも前に、希望退職者の募集、退職勧奨その他とり得るだけのことを行わなければ十分な回避措置としては認められません。

　仮に、そのような措置をとらずに解雇に及んでしまった場合、その効力を否定されないためには、解雇を撤回し、改めて回避措置をとるぐらいのことは検討されるべきです。

(5) 事業の一部を閉鎖する場合
〜解雇回避措置が軽減されるか？〜

Q

複数ある事業（ないし事業場）のうちの一部を廃止する場合、その事業（場）の労働者に対する解雇回避措置は不要となりませんか。

解雇回避措置をとることに困難が伴うような場合であっても、事業の一部であることを理由に不要と判断されることはありません。

【問題の所在】

　事業ないし事業場の一部を廃止する場合、その分の余剰人員が発生することとなりますが、その事業ないし事業場の労働者だけを整理解雇の対象とし、他の事業場への配転等により解雇回避措置をとることを不要とすることはできないのでしょうか。

裁判例：解雇回避措置を必要と判断し、人選の合理性も否定したもの

　平成25年12月18日東京地裁判決（**23**・ソーシャルサービス協会事件）は、財団法人の東京第一事業本部の事業に従事していた労働者に対する、同事務所の閉鎖に伴う整理解雇を無効と判断しました。

　裁判所は、法人東京第一事業本部の事業に従事していた労働者が余剰人員となっていたこと、各事業所が独立採算制を採り、法人内部において、本部から事業所に人員配置を命じる事はしないという運用があることを前提としながらも、解雇回避努力については、「他の事業所への配置転換や希望退職の募集など、本件解雇を回避するためのみるべき措置を講じておらず、十分な解雇回避努力義務を果たしたものということはできない。」「本件雇用契約における使用者が被告（注：使用者）である以上、そのような内部的制限を行っていることをもって、法人東京第一事業本部以外の従たる事業所への配置転換等の解雇回避努力を行わなくてよいことになるものではないというべきである。」としています。

　さらに「原告（注：労働者）が法人東京第一事業本部の事業であ

るあさぎり荘の施設長（寮長）となることを予定して雇用されたものであることは前記認定のとおりであるが、本件雇用契約が職種限定や勤務地限定が付された雇用契約であると認めるに足りる事実は見当たらないから、原告があさぎり荘の施設長（寮長）となることを予定して雇用され、現にあさぎり荘の施設長（寮長）として勤務してきたことから直ちに原告を人員削減の対象として選定することに合理性があるということも困難である。」としました。

裁判例：大学の一部の廃止に伴う整理解雇を有効と判断したもの

　平成25年12月2日札幌地裁判決（21・学校法人専修大学（専大北海道短大）事件）は、学生の募集を停止し、廃校とする短大に教授等として勤務していた労働者に対する整理解雇が有効と判断されたものです。なお、使用者は、複数の大学を設置しながら、そのうちの一部についてそのような措置をとったものでした。

　裁判所は、労働者の就業場所が北海道短大に限定されていたものと認めながら、解雇回避措置について「原告（注：労働者）らの就業場所が北海道短大に限定されていたという事実は、原告らがその同意なくして北海道短大以外の場所で就業させられないことを意味するにとどまり、北海道短大が学生募集を停止し閉校される場合において、使用者である被告（注：使用者）が労働者である原告らに対して行うべき雇用確保の努力の程度を軽減させる理由となるものではないと解すべきである。したがって、被告は、本件募集停止決定に当たり、できるだけの雇用確保の努力をすべきであったというべきである。」としました。

　その上で、大学において経営の意思決定は法人の理事会が行い、教学事項については各大学の学長を中心としており、教員の採用は使用者たる法人が決定しながら人選は教授会の意向を尊重すること

から「一般の私企業とは異なり、被告が自らの意思決定によって、北海道短大以外の学校において、新たな科目を設けたり、教員の配置人数を増加させたり、原告らを特定の科目の教員として採用したりすることは不可能であったというべきであって、被告による解雇回避措置の有無・程度について検討を行うに当たっては、このような被告特有の事情をも考慮に入れなければならないと解すべきである。」とし、使用者が、北海道短大の教員を対象に、採用の検討を他大学の学長に要請するなどしたことを踏まえこれら以外の方法によっては「雇用関係の継続を提案することは著しく困難であったというべきである。」としました。

　そして「早期希望退職者には退職金及び退職加算金に加えて基本給の7か月分の退職特別加算金を支払い、希望退職者には退職金及び定年までの残余年数に応じた基本給の6か月分ないし14か月分の退職加算金を支払うこととして、それぞれ希望退職者の募集を行っていること…、本件解雇に伴う原告らの不利益を軽減する方法として、被告の費用負担による再就職支援会社の利用を提案したり…、他の学校法人に対し北海道短大の教員の紹介文書を送付し採用機会を得られるよう努めたりしていること…にも鑑みれば、被告の対応は、本件解雇及び本件解雇に伴う不利益を回避、軽減するための努力を十分に尽くしたものと認めるのが相当である。」としました。

〈補足説明〉

　これらの裁判例は、解雇の効力についての判断は異なっていますが、勤務地が限定されていたとしても、それを理由に回避措置が免除ないし軽減されるものとは認めていません。

　そして、回避措置としてどの程度のことを行い得るかは使用者の内部的な事情とも関わってくるとしても、整理解雇が使用者側の一

方的な事情によるものである以上、回避措置の免除ないし軽減は容易には認められないことを示しているものと理解できます。

（6）人選の合理性　～客観的で合理的な基準～

Q

解雇の対象となる人選はどのように行えばよいですか。

A

客観的で合理的な基準に基づき、主観を交えずに行うべきです。

【問題の所在】

　解雇の対象となる人選が不合理であれば、場合によっては整理解雇に名を借りた不当な目的による解雇と判断されかねません。人選をどのようにすればよいでしょうか。

裁判例：削減する職務の選定には合理性を認めながらも人選の合理性を否定したもの

　平成25年9月11日東京地裁判決（**12**・ロイズ・ジャパン事件）は、整理解雇について無効と判断したものです。

　裁判所は、人員削減にあたり使用者が5つの職務（本件5職務）をなくすと判断したことを受け「本件解雇において原告（注：労働者）が被解雇者として人選されたのは、本件5職務に現に従事していたことによることが認められるところ、希望退職募集を行わなかった15名が従事していた職務について、人員削減の対象として特定された上記5名では代替することができないものと認めるに足りる証拠はない」として、「削減対象とする職務として本件5職務を選定したことに客観的合理性があったとしても、本件5職務に現に従事していたことを基準として、原告を被解雇者として人選したことに合理性があるものとは認められない。」としています。

平成27年7月29日福岡地裁判決（**67**・学校法人杉森学園事件）は、高校の教諭について、学科廃止に伴い行われた整理解雇について、無効と判断したものです。

裁判所は、学科の廃止に伴い国語科の授業時間数が減少し、これによって、国語科の教諭に余剰人員が発生することになるからとしながらも、授業時間数が減少するのは国語科に限られるものではなく、また、解雇後に、国語科のみならず複数の教科の教員について希望退職者の募集を行っている事実から「国語科の教諭のみを被解雇者として選定することの合理性がないというべきである。」としました。

平成28年3月24日大阪高裁判決（**87**・日本航空（客室乗務員）事件・控訴審）は、会社更生手続中に、更生管財人が行った整理解雇について、原審（平成27年1月28日大阪地裁判決（**58**・日本航空（客室乗務員）事件））が無効とした判断を覆し、有効としたものです。

この事件では、人選について、病欠・休職等を主位的な基準の一つとして設定したことについて、裁判所は「整理解雇とは、企業が経営上必要とされる人員削減のために行う解雇であり、使用者の経営上の理由による解雇である。したがって、更生手続開始決定を受け、将来に向けて事業再生をする必要のある控訴人（注：使用者）が、整理解雇の人選基準を設けるに当たって、将来の貢献度に着目し、特に、控訴人が再生していく過程にある至近の2ないし3年間に、どれだけの貢献が期待できるかという点を重視し、人選基準を設け

たことは、合理的である。」「病欠・休職等基準に該当する者について、『過去の一定期間において病気欠勤や休職により相当日数労務の提供ができない欠務期間があった』との事実があることから、上記のとおり過去の貢献度が低いないし劣後すると評価し、これによって、将来の想定貢献度も低いないし劣後すると評価したことは、合理性を有するというべきである。」「病欠・休職等基準は、病気欠勤日数や休職期間を基準とするものであり、基準該当性の判断において恣意性の入る余地のない客観的な基準であるといえる。」などとして、基準の合理性を肯定しています。

　もっとも、休職中か否かの判断基準日（平成22年9月27日）とその基準日を発表した日（平成22年11月15日）にタイムラグがあることを踏まえ、原審はこの間に乗務に復帰した労働者が整理解雇の対象となることは不合理だと判断しました。

　しかし、控訴審では「控訴人（注：使用者）は、第二次希望退職措置募集開始時から同年11月15日…までの間に、当初の人選基準案を指標として、上記退職勧奨の対象者を説得し、積極的に退職勧奨を実施したものというべきである。このような退職勧奨を受けて希望退職措置に応募した者は、上記退職勧奨を受けたことにより、人選基準案の基準に該当する以上このまま残留しても、今後実施されることが予想される整理解雇の対象となる可能性が高いと受け止めて退職勧奨に応じ、希望退職措置に応募し退職したものと認められるのであり、当初の人選基準案は、そうした応募者が希望退職を決断する上で重要な動機となっていたものと考えられる。」としました。

　その上で、原審のように判断した場合、退職勧奨に応じて希望退職措置に応募した者から見れば、退職勧奨に応じなくても解雇の対象とならなかったということになるのであり、使用者が、そうした応募者に対し、信義に反するとして強い不信感を抱かせるおそれが

あると考えることには相応の理由があるとして、上記タイムラグが
あったことを理由に合理性がないとはしませんでした。

裁判例：出勤率を人選の基準とし合理性が認められたもの

　平成26年7月10日横浜地裁判決（**42・**資生堂ほか1社事件）は、
派遣労働契約により派遣されていた数名の労働者について、雇用期
間を1年間から2か月に短縮する合意をしたのちに行われた雇止め
について、相当とは認めなかったものですが、それに先行して、期
間途中に解雇も行われたものでした。

　裁判所は、期間途中の解雇を無効と判断しましたが、その際の人
選については「本件解雇の対象となる者の人選の基準として、技術
に劣る者と欠勤が多い者を対象とすることにしたこと、具体的には、
扶養内勤務者を除くフルタイマーの期間従業員のうち、まず勤続6
か月以下の者を対象にし、次に出勤率（有給休暇も出勤日数に含め
平成20年1月から平成21年2月までを対象に計算）が下位の者を
対象としたこと」について「主観の入る余地がないという意味にお
いて客観的で合理的な整理基準ということができる。」として合理
性が認められるとしています。

裁判例：勤務評価に労働者の異議申立が認められていたもの

　平成26年2月14日札幌高裁判決（**28・**日本郵便（苫小牧支店・
時給制契約社員A雇止め）事件・控訴審）は、労働者に対する解雇
ではなく雇止めについて、原審（平成25年3月28日札幌地裁判決
（**4・**日本郵便（苫小牧支店・時給制契約社員A雇止め）事件））の
判断を維持して、相当と認めたものです。

　人選は、勤務評価、雇用年数、年齢、過去の懲戒処分歴を考慮し
て行われたものでしたが、裁判所は、勤務評価について「勤務評価
に用いられる時給制契約社員スキルアップシート…は、…業種ごと

に共通のものが用いられていたこと…、同スキルアップシートには複数の評価項目が設けられており、評価の基準も明確に定められていたこと…、本人による自己評価、定められた役職者による一次評価、管理者による二次評価、支店長による最終評価を経て、最終的な勤務評価が定まること…、最終評価は本人にフィードバックされ、本人による異議申立ても可能であること…、原告（注：労働者）は異議申立てを行ったことがないこと…からすれば、…勤務評価には客観性、合理性が担保されていたといえる。」と述べています。

裁判例：主観的な評価項目が含まれること等から合理性を否定したもの

　平成28年7月25日津地裁決定（**97**・ジーエル（保全異議）事件）は、原審（平成28年3月14日津地裁決定・**83**）が期間途中の解雇を無効と判断して行った仮処分決定を認可したものです。

　裁判所は「債務者が本件解雇の際に参照したという人事評価表には、『会社への協力姿勢』、『勤務態度』、『指示に従えない』といった評価者の主観が入りやすい評価項目があり、これが全評点（30点満点）中の半分（15点）もの割合を占めているところ、人事評価表は『シャープのニュースを受け、人員削減を行う必要性が生じたために作成した』ものであり…、疎明資料をみても、評価の公平性を担保するものは見当たらない。」として人選の基準の合理性を否定し、それにより行われた人選に合理性が認められないとしました。

❻ 事業の廃止等に伴う解雇

（1）会社解散に伴う解雇 ～事業の廃止は経営判断?～

Q

会社の解散に伴う労働者の解雇について、無効と判断される場合はありますか。

A

絶対にないとは言い切れませんが、経営者の判断は比較的尊重されるようです。

【問題の所在】

　使用者が事業を廃止する場合、それ以降、労働契約を維持する必要はなくなりますが、にもかかわらず、それに伴う解雇が無効とされてしまえば、会社であれば清算手続に支障をきたすことにもなりかねません。

裁判例：事業の廃止は経営判断により決定されるべきものと述べたもの

　平成25年12月27日東京地裁判決（**24・ミスクジャパン事件**）は、会社解散に伴う解雇について有効と判断したものです。

　裁判所は「被告（注：使用者）の業績が悪化し回復の見込みがないことから、単独株主であるMISA社の意向を踏まえて解散するに至ったことに伴うものであり、被告の経営状況に鑑みれば、解散及びそれに伴う原告（注：労働者）らの解雇はやむを得ないものとい

うべきであり、解雇について合理的な理由があったものと認められる。」「長期間にわたり経営状況が低迷し、改善の兆しの見えない被告の事業について、これをいつ廃止するべきかという問題は、基本的には被告側の経営判断により決定されるべきもの」と述べています。

裁判例：事業の廃止が事業主の専権と述べたもの

平成26年7月17日奈良地裁判決（**44**・帝産キャブ奈良（解雇）事件）は、3年連続で営業損失が生じていたこと等から行われた会社の解散決議に伴う解雇を有効と判断したものです。

裁判所は「会社の解散など企業の廃止に伴ってされる全労働者の解雇についても労働契約法16条所定の解雇権濫用規制が適用される余地があるが、職業選択の自由や財産権の保障といった見地から企業を廃止することが事業主の専権に属すると解され、その権利行使の当然の結果としてされるものであることから、真実企業が廃止された以上、それに伴う解雇は、原則として、労働契約法16条が規定する『客観的に合理的な理由を欠き、社会通念上相当であると認められない場合』に当たらず、有効であると解するのが相当である。」としました。

そして「解散による企業の廃止が、労働組合を嫌悪し壊滅させるために行われた場合など、当該解散等が著しく合理性を欠く場合には、会社解散それ自体は有効であるとしても、当該解散等に基づく解雇は『客観的に合理的な理由』を欠き、社会通念上相当であると認められない解雇であり、解雇権を濫用したものとして、労働契約法16条により無効となる余地があるというべきである。」としながらも、本件については解雇を有効と判断しました。

平成26年6月12日東京高裁判決（**38**・石川タクシー富士宮ほか事件・控訴審）は、会社の解散に伴う解雇について有効とした原審（平成25年9月25日静岡地裁沼津支部判決・**14**）の判断を維持したものです。

裁判所は「会社が解散した場合、会社を清算する必要があり、もはやその従業員の雇用を継続する基盤が存在しなくなるから、その従業員を解雇する必要性が認められ、会社解散に伴う解雇は、客観的に合理的な理由を有するものとして、原則として有効であるというべきである。」としました。

そして、「会社が従業員を解雇するに当たっての手続的配慮を著しく欠き、会社が解散したことや解散に至る経緯等を考慮してもなお解雇することが著しく不合理であり、社会通念上相当として是認できない場合には、その解雇の意思表示は、解雇権を濫用したものとして無効となるというべきである。」と述べました。

その上で、臨時株主総会における解散の決議について法令又は定款違反の瑕疵がないことを理由に「本件解散は現実に行われたものであり、これにより被控訴人Ａ（注：使用者）は清算手続に入り、その従業員の雇用を継続する基盤が存在しなくなるから、その従業員を解雇する必要性が認められ、本件解散に伴う解雇は、客観的に合理的な理由を有するものとして、原則として有効であるということができる。」としています。

平成28年2月17日東京高裁判決（**79**・一般財団法人厚生年金事業振興団事件）は、事業廃止（目的である事業の不能による解散）に伴う解雇について、有効とした原審（平成27年9月18日東京地裁判決・**68**）の判断を維持したものです。

事案の概要としては、独立行政法人から委託を受け病院の運営を行っていた使用者である公益法人が、委託契約の終了により、「事業の不能」により解散して清算手続を行ったことに伴い、院長等として勤務していた労働者を解雇したものでした。

労働者が、整理解雇の4要件を満たしていないと主張したことに対して、裁判所は「本件解雇は、経営上必要とされる人員削減を行うための解雇ではなく、被控訴人（注：使用者）における事業の廃止にともなう解雇であり、整理解雇の4要件がみたされなければ無効であるとはいえない。」として、就業規則26条5号の「事業上の都合によりやむを得ないとき」に該当し、有効なものであると判断しました。

（2）解雇に至るまでの手続 ～通知・説明・再就職支援～

> **Q**
>
> 事業廃止及び解雇に至るまでに気を付けることはありますか。

> **A**
>
> 解雇までに十分な期間をとって解雇ないし事業廃止についての説明を行い、再就職支援等の措置をとることが望ましいです。

【問題の所在】

整理解雇であれば解雇回避措置をとる必要があるように、手続が不当な場合、社会通念上相当とはいえないと判断される可能性があります。

事業の廃止の場合には、どのような手続をとるべきでしょうか。

裁判例：1か月前の解雇通知を不当としなかったもの

平成25年12月27日東京地裁判決（**24**・ミスクジャパン事件）は、会社解散に伴う解雇について、有効と判断し、1か月前の解雇の通

知も不当としなかったものです。

　裁判所は「本件解雇の通知が解雇の1か月前であること…をもって、原告（注：労働者）らに時間的余裕を与えなかったということはできないし、被告（注：使用者）が本件組合との団体交渉に応じ、本件組合の要求に対し検討の上回答している…ことなどからすれば、被告において原告らの就職活動を援助する措置を取らなければならない根拠も格別見いだすことができない。」としています。

　この事件では、3か月前までに解雇を通知しなければならない旨を合意した労働協約がありましたが、解雇の時点では、失効していたという事情がありました。また、裁判所は、3か月前までに通知がなければ手続として相当でないとする労働者の主張も認めませんでした。

裁判例：再就職支援等の措置を行うことが望ましいとしたもの

　平成26年7月17日奈良地裁判決（44・帝産キャブ奈良（解雇）事件）は、解雇に関する説明が不十分だとしながらも、会社解散に伴う解雇を有効と判断したものです。

　裁判所は「会社解散による解雇の場合であっても、会社は、従業員に対し、解散の経緯、解雇せざるを得ない事情及び解雇の条件などを説明すべき」であると述べ、それを理由に解雇が無効と判断される余地があるとし、解雇に関する説明が不十分だったとしました。

　しかし、一般的な整理解雇の場合と異なり、全労働者の解雇であるから、使用者の役員が全従業員に詳細に説明することは困難だと判断し、解雇を無効とはしませんでした。

　また、裁判所は、使用者が再就職支援を行っていないことについて、「使用者が労働者を解雇する場合に、特別退職金等の支給による激変緩和措置や再就職支援の措置を講じることが社会的に望ましいとはいい得るとしても、かかる措置を講じなかったからといって

整理解雇が無効となるものではないし、グループ企業が従業員を募集していることを告知しなかったことについても同様である。」としています。

裁判例：解雇後に負担軽減措置を行うとしたことを不当としなかったもの

平成26年6月12日東京高裁判決（**38**・石川タクシー富士宮ほか事件・控訴審）は、会社の解散に伴う解雇について有効とした原審（平成25年9月25日静岡地裁沼津支部判決・**14**）の判断を維持したものです。

手続の相当性については「解雇手続としては、解散を事実上決定する際に、資金繰りや事業廃止を遅らせることによる損失の程度等を考慮した上で、適切な時期を解散や解雇の実施日と定め、解散の必要性に関する具体的な状況及び解散や解雇の実施予定日等も記載した説明文書を作成して従業員に予め配布するとともに、説明会を開催して質疑応答を経るなどした上で、例えば、直ちに退職するのであれば解雇日までの給与相当額を別途支給するなどの取扱いをすることとして、解散及び解雇に伴う双方の損失の軽減を図り、また従業員の納得を得た上で、円満に解散及び解雇を行うことが、信頼関係を基礎とする継続的契約である雇用契約を終了させる方策として望ましいことは当然である。」と述べています。

この事件では、このような手続がとられていませんでしたが、裁判所は「上記のような手続をとることがなかったとしても、従業員を解雇する必要性があり、解雇に合理性が認められる以上は、そのことにより当然には解雇権が濫用されたということにはならないのみならず、そのような手続をとることが困難であったり、とったとしてもそれに見合う成果が期待しがたいような場合もありうるのであり、このような場合に、そのような手続がとられなかったことに

より解雇権の行使が権利の濫用となることはない。」として、使用者が労働組合に対して財務状況を開示して賃金改定を求め、それができなければ事業の存続が困難との説明をしていましたが、労働組合が賃金改定を拒否し、それ以上の交渉にも応じないと表明したという経緯を踏まえ、解雇後に負担軽減措置をとることも経営判断としてあり得るとして、無効とはしませんでした。

（3）法人格否認　〜法人格の濫用・形骸化〜

Q

事業が廃止された以上、解雇が無効と判断されても、意味がないように思えますがどうでしょうか。

A

事業の譲渡を受けた会社があるような場合には、法人格を否認して、そちらに対して請求することができることがあります。

【問題の所在】

事業の廃止に伴う解雇が無効とされても、事業自体は行われず清算されることからすれば、労働者としては、何も請求できないようにも思われますが、果たしてそうでしょうか。

裁判例：債務の支払いを免れるために法人格を濫用したと認めたもの

平成26年8月27日横浜地裁判決（**49**・ヒューマンコンサルティングほか事件）は、解雇された労働者が、その解雇の無効を主張して、使用者だけでなく、使用者（ティアラー）から一切の事業の譲渡を受けた会社（ヒューマン）に対して、法人格上の同一性を主張（法人格を否認）して、解雇後の賃金の支払いを求めたものです。

裁判所は、使用者の主張する解雇理由について、事実自体を認め

ることができないとして、解雇は無効と判断しました。

　法人格上の同一性については、出資者、代表者の関係（元配偶者）、本店所在地の住所に他方の支店が所在すること、労働者に対する源泉徴収票がそれぞれから出されたこと等を前提に、これらの会社が、使用者の代表者の意のままに運営されていたと評価しています。

　さらに、事業譲渡において何ら書面が作成されていないことも通常は考え難いなどとして、裁判所は「原告（注：労働者）や原告が所属する組合からの執拗な要求や申立てをかわすために、別個新たな法人を設立させたと推認することができる。」「被告ヒューマンが設立されたのは、被告ティアラーが原告が加入した組合から解雇無効の主張を前提に、バックペイや残業代等の支払を求められ、これらの債務の支払を免れるために法人格を濫用したと評価できるのであるから、法人格否認の法理を適用し、解雇無効により被告ティアラーに生じる債務については、被告ヒューマンが負担すべきである。」としました。

裁判例：組合員を排除するために法人格を濫用したと認めたもの

　平成27年6月16日長崎地裁判決（**65**・サカキ運輸ほか（法人格濫用）事件）は、使用者が、自らの支配下にある会社に事業を譲渡し、それに伴い労働者全員を解雇し、組合員以外の労働者について会社で雇用したことが法人格を濫用した不当労働行為と認められ、解雇についても無効と判断されたものです。

　この事件は、使用者である光洋商事が、その事業をサカキ運輸に譲渡して自らは事業を廃止し、それにともない労働者全員を解雇したものです。

　他方、サカキ運輸は、光洋商事から解雇された労働者のうち、組合員以外の労働者を雇用し事業を行ったことから、組合員である労働者がサカキ運輸に対して労働契約上の権利を有する地位の確認を

求めたものです。

裁判所は「光洋商事（注：使用者）の長崎での運送事業を廃止し、原告（注：労働者）らとの雇用関係を除いた有機的一体としての同事業を支配下にある被告サカキ運輸に無償で承継させ、原告らを光洋商事ないしその支配下にある被告サカキ運輸から排除し、実質的に組合員である原告らのみを解雇したものである。」として「法人格を濫用した不当労働行為というべき」であると判断しました。

また、労働者が解雇されたのち、組合員以外はハローワークを経由することなくサカキ運輸に雇用されながら、組合員である労働者はハローワークを介して応募し面接を受けるよう求められたことが認められています。

そのため、上記裁判例の控訴審である平成28年2月9日福岡高裁判決（**77**・サカキ運輸ほか（法人格濫用）事件）は、このことを理由に「その取扱いの違いにつき、被控訴人（注：労働者）らが労働組合の組合員であることのほかに理由があったとは認められない。」「光洋商事からの解雇と控訴人（注：サカキ運輸）による労働契約の不締結とを一体としてみるべきである。」としています。

（4）会社分割 ～契約承継についての協議の必要性～

Q

会社が分割され、分割された会社に引き継がれた労働者が、分割した会社に地位確認を求めることはできますか。

A

会社分割について法の定める協議が行われなかったことを理由に、請求を認めた裁判例があります。

【問題の所在】

会社を分割し、分割された会社に労働契約が引き継がれた場合、

労働契約自体が終了したことにはなりません。そのため、労働契約の承継を争う場合、何を理由に地位の確認を求め得ることとなるのでしょうか。

裁判例：５条協議のない承継法３条の効力を否定したもの

平成29年３月28日東京地裁判決（116・エイボン・プロダクツ事件）は、使用者が、会社法の会社分割により分割された工場に承継された労働者から、労働契約上の権利を有する地位の確認等を求められ、裁判所がこれを認めたものです。

その前提の判断として、裁判所は、会社分割に伴う労働契約の承継等に関する法律３条の規定により、分割された会社に承継されることとなる労働契約は、個々の労働者との間で、５条協議（平成12年商法等改正法附則５条１項が規定する協議）が行われていることがその当然の前提となっているものと述べています。

そして、この事件の労働者について行われた協議について、裁判所は、労働契約の承継に関する希望を聴取されたのではなく、労働組合からの脱退と引き換えに承継されることを迫られたのであって、５条協議が行われたとはいえず、労働契約の承継を争うことができると判断しました。

〈補足説明〉

会社分割に伴う労働契約の承継に関する法律は、会社法の特例を規定し、異議を申し出ることにより、会社分割のうち、自身の労働契約に関する効力を制限できるようにしています。

つまり、①分割する会社との労働契約を維持せずに、分割される会社に労働契約を承継させたい労働者にはその機会を、②分割される会社に労働契約を承継させず、分割する会社との労働契約を維持したい労働者にはその機会を与えることを定めています。

その申出がなければ、分割される会社に承継されないこととされた労働者（①）は、分割する会社との間で労働契約が存続することとなります。また、分割される会社に承継されることとされた労働者（②）は、分割される会社に労働契約が承継されることとなります。

　そのため、上記裁判例の労働者は②の場合にあたり、本来、異議を申し出なければ、分割する会社との間での労働契約が存続することにはならないものでした。

　ところが、使用者である分割した会社が行った、会社法附則5条の規定する労働者との協議（5条協議）が不十分であったことから、労働者が労働契約の承継を争い、会社分割後に地位確認請求を求め、これが認められたものです。

　5条協議についての具体的な内容等については、「分割会社及び承継会社等が講ずべき当該分割会社が締結している労働契約及び労働協約の承継に関する措置の適切な実施を図るための指針」（平成12年労働省告示第127号）をご覧ください。

　なお、この事件の裁判所の判断は、分割され分社化された工場が、一人株主である分割した会社である使用者の解散決議により清算され、労働者が解雇されたという背景事情も考慮してのことと思われます。

7 その他の解雇

（1）試用期間 ～採用時に知ることができなかった事実～

Q

試用期間中であれば自由に解雇することができますか。

A

通常の場合よりも緩やかに行えると解されていますが、理屈としては、就業規則に規定する解雇事由以外に、採用時に知ることができなかったことを理由とする解雇も認められるという理解になります。

【問題の所在】

試用期間を定める場合が多いものと思われますが、そうしなかった場合とでは、解雇が有効と認められる場合に違いがあるのでしょうか。

裁判例：試用期間中の解雇について述べたもの

平成25年7月23日東京地裁判決（**9**・ファニメディック事件）は、試用期間中の獣医に対する解雇が無効と判断されたものです。

裁判所は、最高裁判決を引用して「本件解雇は、試用期間中の労働者に対する解雇であるところ、試用期間中の労働契約は、試用期間中に業務適格性が否定された場合には解約しうる旨の解約権が留保された契約であると解されるから、使用者は、留保した解約権を通常の解雇よりも広い範囲で行使することが可能であるが、他方、

その行使は、解約権留保の趣旨・目的に照らして、客観的に合理的な理由が存し、社会通念上相当として是認されうる場合でなければならないというべきである（最高裁判所昭和48年12月12日大法廷判決・民集27巻11号1536頁）。」と述べています。

　平成28年8月3日東京高裁判決（**98・空調服事件・控訴審**）は、原審（平成28年3月8日東京地裁判決・**82**）の試用期間中の解雇を無効とした判断を覆し、有効としたものです。

　裁判所は、試用期間中の解雇について「使用者による試用期間中の労働者に対する留保解約権の行使は、本採用後の通常解雇より広い範囲で認められるべきであるが、解約権の留保の趣旨・目的に照らして、使用者において、採用決定後の調査や就職後の勤務状況等により、採用時に知ることができず、また知ることを期待できないような事実を知るに至った場合であって、その者を引き続き雇用しておくことが適当でないと判断することが客観的に相当であると認められる場合など、解約権を行使する客観的に合理的な理由が存在し、その行使が社会通念上相当として是認され得る場合にのみ許されると解される。」と述べています。

裁判例：採用時に認識した事実を理由とする解雇を無効としたもの

　平成26年1月21日東京地裁判決（**25・ジヤコス事件**）は、試用期間中の解雇を無効と判断したものですが、使用者は、労働者の友人に対する多額の借金の存在を理由の一つとしたものでした。

　使用者は、雇入れの際、労働者の信用保証協会に対する借金の存在については認識していましたが、解雇の意向を伝える面談の際（3月14日）、それ以外に労働者の友人に対する借金もあることを知りました。

そのため、使用者は「多額の借金について、弁護士に依頼して適正に処理しようとしているのと、相手が友人であるのをいいことにそれを放置しているのとでは、その意味は全く異なる。2000万円にも及ぶ多額の借入れを放置している者を、経理部門を含めた管理責任者として採用することなど通常あり得ない。原告（注：労働者）が友人に対する借入れを放置しているという事実を知っていれば、被告（注：使用者）は、原告と雇用契約を締結することは決してなかった。」と主張しました。

　しかし、裁判所は「原告は、友人からも多額の借金をし、いまだ返済していないこと、被告がこの事実を知ったのは3月14日ころであったことは、前記認定事実のとおりであるが、他方、被告は、原告から、信用保証協会に対する借金については予め伝えられており、それを踏まえた上で採用を決定していること、全ての借金について打ち明けなかったというだけで不正経理等を行う具体的な危険があると評価することはできないこと等に鑑みれば、上記事実が解雇事由として合理的であるとは到底いえない。」としています。

裁判例：能力不足を理由とする解雇を無効としたもの

　平成25年9月19日福岡地裁判決（13・社会保険労務士法人パートナーズほか事件）は、試用期間途中における能力不足を理由とする解雇について、無効と判断したものです。

　裁判所は、使用者が労働者に対し「これから社労士としてのキャリアを積み上げて行けばいいと思います」とのメールを送信していた事実等を前提に、「被告乙山（注：使用者の代表者）は、原告を被告法人に採用する時点で、原告（注：労働者）は社労士として実績のない初心者であり、無償の手伝いでも良いから経験を積みたいと申し出ている者であって、被告法人（注：使用者）を出て行くD（注：退職者）と同レベルでないことを十分認識していたと認める

のが相当である。」などとして、採用時点で労働者の能力及び経験がどの程度のものか認識していたことを理由に、それによる解雇は無効としました。

裁判例：適格性を欠くことを理由にした解雇を有効と判断したもの

平成28年8月3日東京高裁判決（**98**・空調服事件・控訴審）は、原審（平成28年3月8日東京地裁判決・**82**）が試用期間中の解雇について、労働者が反省の意を示したこと等を理由に相当性を否定して無効とした判断を覆し、有効としたものです。

労働者は、全社員の参加する会議の場で、使用者の決算書の誤りを指摘したことを理由に解雇されたものでした（なお、決算書に誤りがあったかどうかは明らかにはなっていません）。

裁判所は「被控訴人（注：使用者）が控訴人（注：労働者）を雇用したのは、…控訴人が社会保険労務士としての資格を有し、経歴からも複数の企業で総務（労務を含む。）及び経理の業務をこなした経験を有することを考慮し、労務管理や経理業務を含む総務関係の業務を担当させる目的であり、人事、財務、労務関係の秘密や機微に触れる情報についての管理や配慮ができる人材であることが前提とされていたものと認められる。」

「ところで、企業にとって決算書などの重要な経理処理に誤りがあるという事態はその存立にも影響を及ぼしかねない重大事であり、仮に担当者において経理処理上の誤りを発見した場合においても、まず、自己の認識について誤解がないかどうか、専門家を含む経理関係者に確認して慎重な検証を行い、自らの認識に誤りがないと確信した場合には、経営陣を含む限定されたメンバーで対処方針を検討するという手順を踏むことが期待される。」

「しかるに、控訴人は、自らの経験のみに基づき、異なる会計処

理の許容性についての検討をすることもなく、被控訴人における従来の売掛金等の計上に誤りがあると即断し、上記のような手順を切踏むことなく、…（注：全従業員のいる場で）突然、決算書に誤りがあるとの発言を行ったものであり、組織的配慮を欠いた自己アピール以外の何物でもない。さらに、…控訴人において自らの上記発言が不相当なものであることについての自覚は乏しいものと認められる。」

「以上によれば、控訴人のこのような行動は、被控訴人が控訴人に対して期待していた労務管理や経理業務を含む総務関係の業務を担当する従業員としての資質を欠くと判断されてもやむを得ないものであり、かつ、被控訴人としては、控訴人を採用するに当たり事前に承知することができない情報であり、仮に事前に承知していたら、採用することはない労働者の資質に関わる情報というべきである。」として、解雇を有効と判断しました。

〈補足説明〉

試用期間中の解雇は、採用時に認識し得なかった事実が採用後に発覚したような場合に、その理由に限っては、解雇が有効と認められやすいというだけであり、その他の理由による解雇については、通常の解雇の場合の判断と異なるものではありません。

もっとも、平成28年8月3日東京高裁判決（**98・空調服事件・控訴審**）は、解雇を有効と判断していますが、労働契約が1年の有期雇用か無期かという点も争いとなっており、結論として、東京高裁は1年の有期雇用であったと判断しています（東京地裁はこの点を判断せずに判決を言い渡しています）。

このとき、解雇については、試用期間であることも問題となりますが、労働契約法17条の「やむを得ない事由」にあたるかどうかを判断しなければならないはずです。結論として、解雇は無効とし

ながらも、労働契約法19条による更新を認めないということで利益衡量するのが一般的かなというのが筆者の感覚ですが、判決文だけでなく証拠まで検討すれば東京高裁の判断がしっくりくるのかもしれません。

裁判例：試用期間制度の濫用と判断し 普通解雇として判断したもの

平成30年2月20日熊本地裁判決（**135**・社会福祉法人佳徳会事件）は、労働者に対する普通解雇ないし懲戒解雇を無効としたものです。

労働者は、NPO法人の運営する保育園において、保育士として雇用されていたところ、使用者が当該事業の譲渡を受けました。労働者は、当該事業譲渡より前に、一度、NPO法人から解雇されたところ、労働組合の交渉により同解雇が撤回されたという経緯がありました。そうしたところ、労働者は、上記事業譲渡後、使用者において試用期間中にあることを前提として解雇されました。

裁判所は「本件NPO法人と被告（注：使用者）との間では代表理事と理事が相互に共通しており、旧保育園と本件保育園の園長はいずれも被告代表者であり、運営体制も従前の体制とほぼ変わりはなく、保育事業の譲渡も無償で行われる等、保育事業の点においては、実質的に同一の事業者であると認められる。」として、使用者が、労働者の適格性を判断するための情報は十分に把握していたとして、試用期間の定め自体は適用があるとしても、解約権を留保するための試用期間を認める合理性はないと判断しました。

その上で、「被告が原告（注：労働者）との試用期間満了により留保解約権の行使として原告を解雇することは、本件NPO法人において無効な解雇を、被告において有効な解雇として転換することに他ならず、試用期間制度を濫用するものといわざるを得ない。したがって、被告が留保された解約権の行使として原告を解雇するこ

とは試用期間制度の濫用であって認められ」ないとして、普通解雇
としてその効力を判断するとしました。

（2）採用内定 ～解約権を留保した始期付労働契約～

Q

なぜ、裁判では、採用内定により労働契約が成立したかどうかが
争われるのですか。

A

採用内定により労働契約が成立すれば、その取消しは解雇（解約
権の行使）として無効となる場合があり、契約が成立していなけ
れば、それを取り消しても解雇にはあたらないからです。

【問題の所在】

　採用内定により労働契約が成立したと認められた場合、その取消
しは、試用期間における解雇と同様に、採用内定の趣旨に反する理
由での取消しが認められないこととなります。

　どのような場合に採用内定（労働契約の成立）となるのでしょう
か。

裁判例：採用内定により労働契約が成立したと判断されたもの

　平成24年12月28日東京地裁判決（1・アイガー事件）は、大学
在学中の労働者（内定者）が、使用者の実施したプレゼンテーショ
ン研修において、担当の課長が内定の取消しを行ったとの理由で損
害賠償を求めたものでした。結論としては、内定の取消しも不法行
為の成立も認めませんでした。

　その前提として、裁判所は次のような事実を認定して、採用内定
により労働契約が成立したものと認めています。

　①　使用者が、平成22年4月、同23年4月1日入社予定の者に

対する採用活動を開始し、大手求人情報サイトに広告を掲載した。

② 上記①に対し、800人程度の就職希望者がエントリーした。

③ 使用者は、上記②の希望者に対し、計6回の会社説明会を実施するとともに、約2週間をかけ、約500名〜600名の一次面接希望者に対し一次面接を行い、就職希望者を100名程度に絞り込んだ。

④ 使用者は、上記③の100名程度に対し、さらに二次面接を実施した。

⑤ 使用者の代表者は、平成22年6月4日上記④の二次面接合格者30名に対し個別面接を実施した上、15名の者を内定者として選抜した。

⑥ 上記⑤の15名から、内定辞退者を除いた8名の者を最終内定者として決定した。

⑦ 労働者は、同月7日、使用者から内々定の電話連絡を受けた。

⑧ 労働者は、同月14日、使用者に対し、承諾書を提出した。

⑨ 使用者は、上記⑧を受けて、労働者に対し、新規内定者の一人として以降の就職活動を禁止し、平成23年3月に大学を卒業することを条件に、使用者への入社日を同年4月1日と定めた。

裁判例：採用内定（労働契約の成立）にあたらないと判断されたもの

平成29年4月21日東京地裁判決（**120・学校法人東京純心女子学園（東京純心大学）事件**）は、大学の学部設置認可手続において教員名簿に登載されながら採用されなかったことについて、違法な採用内定取消しと主張して損害賠償請求がされたものです。

教員名簿に登載された者（原告）は、平成26年5月下旬に教員

就任承諾書を作成し、大学（被告）に提出したことをもって、大学に看護学部が設置された後（平成27年4月1日）に教員に就任するとの内定が成立したと主張しました。

　これに対して裁判所は「教員就任承諾書は学部設置認可申請のために認可手続規則別記様式第5号で定める書式にしたがって作成するものであって、設置申請者と教員予定者との労働契約を証するために作成されるものでない」「学部設置が認可された場合であっても、…認可申請時の教員名簿からの変更そのものは想定されていることが認められる」として、教員名簿に登載された者が他大学での勤務を断るように要請等を受けていないことから、これにより採用内定（労働契約）が成立したとは認めませんでした。

【実務上のポイント】

　採用内定については、就業規則、あるいは、使用者の内部的な規定として、採用を決定するまでの手続を具体的に定めておくとよいと思われます。

　例えば、採用にあたっての各種提出書類については、採用内定となったのちに提出を求めるのではなく、その提出を受けた上で採用内定とする旨を規定するなどしておくべきです。このようにすれば、採用後に必要書類の提出がないことを理由に解雇するなどという事態を回避できますし、書類の提出状況も採用を決定するための考慮要素とすることができます。

　また、応募者にも、そのことを説明しておけば、採用しなかった場合でも、契約が成立することへの期待がないと判断されやすくなるはずです。

(3) 期間の途中の解雇 ～「やむを得ない事由」～

Q

契約期間がある場合、その途中で解雇することはできますか。

A

「やむを得ない事由」があればできますが、かなりハードルは高いといえます。

【問題の所在】

労働契約法は、16条とは別に、17条により有期労働契約の期間途中の解雇について「やむを得ない事由」を要するものとしています。同法17条がなくとも、有期労働契約における解雇も同法16条の適用を免れる理由はないことからすれば「やむを得ない事由」は高度なものとして解釈されるのでしょうか。

裁判例：「やむを得ない事由」の解釈を述べたもの

平成25年6月20日大阪地裁判決（**7**・大阪運輸振興（嘱託自動車運転手・解雇）事件）は、有期労働契約を更新された労働者に対し、平成23年4月1日から1年間の契約期間の途中である同年6月29日付で行われた解雇について、無効と判断したものです。

バスの運転手であった労働者は、同年6月16日、ブレーキを踏んだ際に乗客が転倒したことから、翌日以降の自宅待機を指示され、それ以前に生じた5件の事故と合わせて「勤務成績が著しく不良で、勤務に適さないと認められるとき」との理由で解雇されました。

裁判所は「本件解雇は、期間の定めのある労働契約の期間途中における解雇であるから…、労働契約法17条1項により、やむを得ない事由がなければ無効となる。また、同条項にいう『やむを得ない事由』は、期間の定めのない労働契約における解雇に関する労働

契約法16条の要件よりも厳格なものと見るべきであり、期間満了を待つことなく直ちに雇用を終了させざるを得ないような特別の重大な事由を意味すると解するのが相当である。」としました。

　その上で、事故の事実関係を踏まえ、運転手としての適格性を疑わせるほどの重大な態様とまでは認められず、また乗客の負傷の程度が重大であったと認めるに足りる証拠もないなどとして、客観的合理的理由や社会通念上の相当性も認め難いとしました。

裁判例：契約期間に拘束されるのが契約法上の原則と述べたもの

　平成28年7月25日津地裁決定（**97**・ジーエル（保全異議）事件）は、原審（平成28年3月14日津地裁決定・**83**）が期間途中の解雇を無効と判断して行った仮処分決定を認可したものです。

　裁判所は「労働契約法17条1項は、『使用者は、期間の定めのある労働者について、やむを得ない事由がある場合でなければ、その契約期間が満了するまでの間において、労働者を解雇することができない』と定めているところ、契約の当事者は契約の有効期間中はこれに拘束されるのが契約法上の原則であり、労働者においては、当該契約期間内の雇用継続に対する合理的期待は高いものといえることから、同条にいう『やむを得ない事由』とは、期間満了を待たずに直ちに契約を終了させざるを得ないような重大な事由をいうと解するのが相当である。」としています。

【実務上のポイント】

　以上の裁判例のように、契約期間の途中で解雇に踏み切ることは、裁判で解雇の効力が争われることを考えれば、一般的に勝算は低いといえます。

　もっとも、金銭的なリスクとしては契約終了までの期間ですから、どうしても出勤してもらうことを避けたい場合には、使用者の資力

も問題とはなりますが、金銭補償を伴う退職勧奨を実施するか又は自宅待機を命じて休業手当6割を支払い（残りの4割を求めて訴訟に踏み切るかどうかは労働者の判断に任せてしまう）かつ労働契約法19条による更新が困難だと説明を行っておくというのが無難なところかと思われます。

あるいは、解雇の効力を争われたとしても、残りの期間の賃金相当額を上限として金銭の支払いを命じられることを覚悟した上で、解雇に踏み切るのも一つの判断かと思われます（もちろん、この場合であっても、契約が更新されるだけの期待を持たせないといった配慮は必要となります）。

（4）経歴詐称 〜その経歴を重視して採用したかどうか〜

Q

経歴詐称が明らかとなった場合、それを理由に解雇することは認められますか。

A

詐称された経歴を重視して採用したような場合であれば、信頼関係を損なったものとして解雇が認められる場合があります。

【問題の所在】

経歴詐称というと、履歴書の記載に誤りがあったような場合を想定するかもしれませんが、そのとき、これを理由に労働者を解雇することができるのでしょうか。

裁判例：使用者の主張する経歴詐称は解雇理由にならないと判断したもの

平成29年10月18日東京高裁判決（**129**・学校法人D学園事件・控訴審）は、経歴詐称及び勤務態度不良を理由に行われた解雇につ

いて、原審（平成29年４月６日さいたま地裁判決・118）の判断を覆し、解雇を有効としたものです。もっとも、経歴詐称の点については、原審及び控訴審いずれも解雇理由として認めませんでした。

使用者が、採用に先立ち労働者の提出した履歴書の職歴欄に「Ｆ区Ｇ中学校バレーボールコーチ勤務」と記載されていたことが虚偽であり、それが就業規則の経歴詐称の即時解雇事由に該当すると主張したことについて、控訴審は、原審の判断のとおり「継続的雇用契約を、使用者の一方的意思表示をもって即時解除することが、労働者にとって重大な不利益となるものであることは明らかである。とすれば即時解雇事由としての『採用に関し提出する書類に重大な虚偽の申告があったとき』というのは、それが、今後の雇用契約の継続を不可能とする程に、被告（注：使用者）との信頼関係を大きく破壊するに足る重大な経歴を詐称した場合に限られるというべきである。」と述べています。

そして、労働者がバレーボールのコーチとして雇用されていたものではなく、ボランティア活動に近いもので関わっていたことは、履歴書記載の「Ｆ区立Ｇ中学校バレーボールコーチ勤務」との記載とは異なるものと判断していますが、面接の際にそのことが詳細に聞かれたということもなく、このことが雇用の当否を決定付ける程に重大な判断要素の一つとなる情報だったということは認めませんでした。

そのため、裁判所は「当事者間の今後の雇用契約の継続を不可能とする程に被告との信頼関係を破壊するに足る、重大な経歴詐称であると認めることはできない。」と判断しました。

裁判例：経歴詐称及び能力詐称を理由に解雇を有効と判断したもの

平成27年６月２日東京地裁判決（**63**・KPIソリューションズ事

件）は、経歴及び日本語の能力を詐称したことを理由として行われた解雇を有効と判断したものです。

　裁判所は「企業において、使用者は、労働者を雇用して、個々の労働者の能力を適切に把握し、その適性等を勘案して労働力を適切に配置した上で、業務上の目標達成を図るところ、この労使関係は、相互の信頼関係を基礎とする継続的契約関係であるから、使用者は、労働力の評価に直接関わる事項や企業秩序の維持に関係する事項について必要かつ合理的な範囲で申告を求め、あるいは確認をすることが認められ、これに対し、労働者は、使用者による全人格的判断の一資料である自己の経歴等について虚偽の事実を述べたり、真実を秘匿してその判断を誤らせることがないように留意すべき信義則上の義務を負うものと解するのが相当である。」「そうすると、労働者による経歴等の詐称は、かかる信義則上の義務に反する行為であるといえるが、経歴等の詐称が解雇事由として認められるか否かについては、使用者が当該労働者のどのような経歴等を採用に当たり重視したのか、また、これと対応して、詐称された経歴等の内容、詐称の程度及びその詐称による企業秩序への危険の程度等を総合的に判断する必要がある。」としました。

　その上で、労働者が採用面接において、①同業他社に在職中か短期間で退職したのか、②システムエンジニア・プログラマーとしての能力（Linux、Apache、MySQL、PHPによるシステム開発ができるかどうか）、③十分な日本語能力を有するか（履歴書や職務経歴書を自分一人で作成したかどうか）について詐称して採用されたものかどうかが問題となり、裁判所はこれらすべてについて経歴ないし能力の詐称を認めました。

　具体的には、①については、提出された離職票に履歴書記載の会社名と異なる会社名が記載されており、その会社からも能力不足により解雇されたことが認められています。

②については、基本的な知識である「トラッキング技術」と「コンテキスト＆画像解析認識」が区別できていないのではないかとの指摘を受けたり、「バッチ処理」という基本的な処理方法を知らないことが露呈するなどしたことが認められています。

③については、面接の際に十分な日本語能力があると述べながら、資料の漢字に振り仮名を振るよう同僚に依頼するなどしており、さらに、履歴書等について就職活動支援会社の手助けを受けて作成したことが認められています。

そのため、裁判所は、就業規則19条1号（業務能力が著しく劣ると判断される、または業務成績が著しく不良のとき）及び同条3号（社員の就業状況が著しく不良で就業に適さないと認めたとき）所定の解雇事由を認めました。

〈補足説明〉

経歴詐称については、単に、履歴書記載の経歴が事実と異なるというだけでなく、労働者にそのことの認識がなければ、信頼関係を破壊する原因としての経歴詐称とは認めがたいと思われます。その理由は、経歴詐称ではなく、単なる誤記か労働者の誤解ないし誤認となるからです。

平成29年10月18日東京高裁判決（**129**・学校法人D学園事件・控訴審）は、労働者としては、バレーボールの指導に関わり、わずかではありましたが謝礼をもらっていたこともあり、そのように記載することがあながち間違っていないものと認識していたものでした。そのため、このような点も考慮され、解雇理由としての経歴詐称にはあたらないと判断されたものと思われます。

これに対して、平成27年6月2日東京地裁判決（**63**・KPIソリューションズ事件）は、労働者は積極的に欺罔して入社しようとしたわけではないと主張していますが、前職に関する事項を偽った

ことなどは認めており、誤解や誤認とは認めがたい状況にあったものでした。加えて、能力不足について指導された際の態度が悪いことも踏まえ、労働者の行為が信頼関係を破壊する悪質なものと認めた上で、給料の一部については、詐欺による不法行為の成立も認めています。

（5）不当な目的による解雇 〜労働者に対する嫌悪感〜

Q

解雇の目的が不当であることを理由に無効とされる場合はどのようなときですか。

A

労働者を嫌悪して解雇したような場合に不当な目的による解雇として無効とされます。

【問題の所在】

労働者を嫌悪して解雇することはできるのでしょうか。

裁判例：解雇の目的を不当と判断し無効としたもの

平成28年7月1日東京地裁判決（**94・**Agape事件）は、不当な目的（従業員に対する嫌悪感）によりなされた解雇を無効と判断しました。

使用者は、保育園を運営する合同会社であり、2名の労働者に対する解雇理由は、それぞれ、①園児の命を軽々しく扱ったこと、②園児の尊厳を深く傷付けたこと、③使用者の業務命令に違反したこと、④使用者の業務を妨害したこと、⑤反社会的な行為をしたことでした。

しかし、裁判所は「解雇の目的は、丙川（注：使用者の代表者）による園の運営方法に問題がある旨の意見を述べた原告甲野（注：

労働者）に対する嫌悪にあったというべきであり、その目的が不当であるから、原告甲野に対する解雇は、社会通念上相当であるとは認められず、その余の点について判断するまでもなく無効であるというべきである。」としました。

この事件では、解雇までの経緯として、酒席において労働者が使用者代表者に対し、保育園の運営に意見したことがあり、これに対して使用者の代表者が解雇する旨の発言を行ったこと、その際、警察に通報して事態の収拾を図るほどに揉めたことなどが認められています。

〈補足説明〉

そもそも解雇をする目的は、労働契約を終了させることである以上、労働者を嫌悪して行った解雇は、その理由ないし動機が不当なものであって、客観的に合理的な理由がないという整理が正しいように思えます。

もっとも、労働者に対する嫌悪感を晴らす目的で、その手段として解雇を行ったと捉えれば、不当な目的による解雇という表現も誤りではないかもしれません。

いずれにしても、解雇が労働契約の終了という効果に向けられた法律行為である以上は、その理由が客観的に合理的なものでなければならないことには変わりありません。

8 手続上の諸問題

(1) 地位確認請求
〜異なる職種での勤務を命じる権利の存在〜

Q

別の職務につくように命じる権利があるかの確認を裁判所に求めることはできますか。

A

実際にその権利を行使した上でなければ、あえて裁判によって判断するだけの必要性が否定され、確認を求めることはできません。

【問題の所在】

　解雇となった労働者が地位確認を求めることは、すでに解雇されている以上、必要性があるといえますが、使用者が、業務命令を行っていない状況で、そのような命令を行う権利があるかどうかの確認を求めることはできるのでしょうか。

裁判例：不適法として却下されたもの

　平成27年5月28日東京地裁判決（61・ブルームバーグ・エル・ピー（強制執行不許等）事件）は、使用者が、労働者に対し、東京支局の記者以外の職で勤務することを命じる雇用契約上の権利を有することの確認を予備的に求めたものです。

　裁判所は「本訴事件の予備的請求は、原告（注：使用者）が被告（注：労働者）に対し、東京支局のReporter（記者）以外の職で勤

務することを命じることのできる雇用契約上の権利（以下「本件権利」という。）を有することの確認を求めるというものである。」「しかしながら、本件権利は、これを行使することにより原告と被告との間の法律関係を変動させる効果を生じさせるものであるが、いまだ行使されておらず、将来行使されるか否かも現在は明らかでない。また、原告が本件権利を有していても本件権利の行使が権利の濫用に当たる場合はその効力を生じないことから明らかなように、本件権利の存否を確定することによって将来本件権利が行使されたときの法律関係が明確になるということもできない。そうすると、本件権利を巡る紛争は、原告において、本件権利を行使した後、これにより生じた法律効果を前提として給付や確認の訴えを提起することによって解決するのが適切であり、行使されるか否かも明らかでない現時点において、本件権利それ自体の存在の確認を求める訴えは、即時確定の利益を欠くというべきである。」としました。

〈補足説明〉

　この裁判例は、労働者の側からすれば、使用者から解雇されてもいないのに地位確認請求を裁判所に求めることと同じ状況といえます。解雇されていないのに裁判所の判断を求めることができないのと同様、業務命令を発してもいないのに、その権利があることの確認を求めることはできません。

（2）死亡した労働者の地位確認請求
　　　～一身専属的な労働者としての地位～

Q

地位確認を求めていた労働者が死亡した場合、相続人がその手続を引き継ぐこととなりますか。

地位確認請求を求める訴訟手続については終了することとなります。

【問題の所在】

　訴訟の当事者が死亡した場合、相続人等が訴訟を引き継ぐかどうかを判断し、手続を承継する場合には、そのまま訴訟が続けられます。

　では、地位確認請求を行った労働者が死亡した場合、相続人が地位確認請求訴訟を承継することはできるのでしょうか。

裁判例：訴訟が終了したものと判断したもの

　平成26年6月12日東京高裁判決（**38**・石川タクシー富士宮ほか事件・控訴審）は、会社の解散に伴う解雇について有効とした原審（平成25年9月25日静岡地裁沼津支部判決・**14**）の判断を維持したものですが、労働者のうち1名が訴訟係属中に死亡したことに伴い、当該労働者との間では訴訟が終了したものと判断したものです。

　裁判所は「本件請求のうち、控訴人A6'（注：労働者の相続人）において亡A6（注：死亡した労働者）の労働契約上の地位の確認を求める請求については、控訴人A6'が当事者の地位を承継することはなく、同人の死亡により訴訟が終了しているから、その旨を宣言すべきであり」としています（なお、この点については、平成元年9月22日最高裁判決が同様の判断をしています）。その理由として、労働契約上の地位自体は当該労働者に一身専属的なものであって相続の対象となり得ないからだと述べています

　加えて、裁判所は、退職金等に関する紛争があるため、地位確認をする必要性があると労働者が主張したことについて「過去の権利関係の確認が現在の権利関係をめぐる紛争の解決にとって適切であ

るとして、確認の利益を認める場合がある。しかし、控訴人Ａ６'
が主張するような亡Ａ６の死亡退職金請求権等の紛争が現に存して
いるとしても、その紛争の解決のためには、給付を求める訴えによ
ることができ、かつ、給付の訴えによることが直ちに紛争解決につ
ながって適切であって、控訴人Ａ６'が亡Ａ６の雇用契約上の地位
を確認する訴えが紛争の解決にとって適切であるとはいえない。本
件において、控訴人Ａ６'において亡Ａ６の地位確認を求める請求
に係る訴えに、確認の利益を認めることはできない。」としました。

〈補足説明〉

　裁判において当事者が死亡した場合、相続人がその手続を承継し
て訴訟を続けることができます（続けないこともできます）。

　賃金や損害賠償金等金銭の支払いを求める権利であれば、相続財
産の内容となるため、承継して訴訟を続けることに意味があります。

　しかし、労働者として労働契約上の権利を有する地位それ自体は
一身専属的な権利であって、相続されることもありませんので、承
継することはないと判断したものです。

（３）解雇理由の追加主張の却下
　〜時機に遅れた攻撃防御方法〜

Q

高裁で、解雇通知書に記載していた解雇の理由のうち、地裁で主
張していなかったものを追加して主張することはできますか。

A

一般的には、訴訟が遅延するという理由で、解雇理由の追加を認
めてもらえません。

【問題の所在】

　解雇通知書に記載しなかった解雇理由を追加する場合ではなく、解雇通知書に記載していた解雇理由のうち、これまで主張していなかったものを訴訟の途中で追加して主張することはできるのでしょうか。

裁判例：懲戒事由の追加の主張が却下されたもの

　平成26年7月10日東京高裁判決（43・A住宅福祉協会事件・控訴審）は、使用者が、控訴審において懲戒事由を追加して主張したこと及び普通解雇を追加して主張したことについて、時機に遅れた攻撃防御として却下したものです（なお、懲戒解雇を無効とした原審（平成26年2月25日東京地裁判決・31）の判断を維持しています）。

　裁判所は、使用者が控訴審で3つの解雇事由を新たに主張したものと認めた上で、「人事異動命令の拒否など当審で新たに主張した3つの解雇事由は、被控訴人（注：労働者）に対する解雇通知に明文で掲げられていたものであるから、これを原審で主張せずに当審になって主張したことは、攻撃防御方法の提出として時機に後れていることが明らかである。そして、原審においてこれらの解雇事由についての主張及び立証をすることが、不可能あるいは困難であったとする事情は何らうかがうことができないことに加え、原審における控訴人の訴訟追行が弁護士である訴訟代理人によってされていたことも考慮すると、当審において控訴人の訴訟代理人が変わり、訴訟追行の方針等に変更があったことを考慮したとしても、当審に至って新たな主張をすることが時機に後れたことについては、故意又は重大な過失があるというべきである。」と述べ、これについて審理した場合には、訴訟の完結が大幅に遅延するものとも述べて却下しました。

また、普通解雇についても「普通解雇を原審で主張せずに当審になって主張したことは、懲戒解雇事由についての新たな主張の場合と同様に、攻撃防御方法の提出として時機に後れ、かつ、時機に後れたことについて故意又は重大な過失があることが明らかである。」として主張を却下しました。

（4）手続の相当性
～解雇理由や退職に向けた協議の必要性～

> **Q**
>
> 解雇の手続が相当でないと判断されるのはどのような場合ですか。

> **A**
>
> ケースバイケースですが、労働者の言い分を確認していない場合や解雇理由の解消のための協議が継続しているにもかかわらず、突然解雇するような場合に問題となっています。

【問題の所在】

　どのような場合に、解雇手続を理由に、解雇が不当だと判断されるのでしょうか。

裁判例：団体交渉翌日の解雇を相当でないと述べたもの

　平成29年9月14日東京地裁判決（**127**・日本アイ・ビー・エム（解雇・第5）事件）は、業績不良を理由とする解雇について、無効と判断したものです。

　解雇予告までの経緯としては、使用者が労働者に対し従事するように指示した業務について、団体交渉の末、労働者が、条件を付してそれに応じる旨を回答したところ、その翌日に解雇予告が行われたものでした。

裁判所は、労働者の条件を付して回答したことについて「この時点で原告（注：労働者）がPMRハンドリング（注：指示された業務）を行っていなかったとしても、これを不当に拒絶していたとはいえないというべきである。」「原告の上記回答に対し、被告（注：使用者）において何ら回答や交渉も行わないまま、その翌日に本件解雇に係る解雇予告が行われたという経緯も踏まえれば、本件解雇は、客観的に合理的な理由を欠き、社会通念上相当とはいえず、権利濫用として無効というべきである。」と判断しました。

裁判例：弁明の機会を与えなかったことを相当でないとしたもの

平成29年2月23日東京地裁判決（112・国立研究開発法人国立A医療研究センター（病院）事件）は、歯科医長として歯科医療に適格性を欠く行為があったことを理由に、契約期間途中に行われた解雇について、無効と判断したものです。

使用者は、解雇理由として25の行為及び医療安全上問題があり、かつ、歯科医長として必要な適格性を欠く行為として19の個別の問題行為があったと主張しましたが、裁判所は、医療行為自体、担当する歯科医師に相当広範な裁量が認められることを前提に、次のように手続の相当性について述べています。

「本件解雇理由や本件問題行為が原告のした医療行為としての相当性を問題にしていることからすれば、当事者である原告（注：労働者）に具体的事実を示さず、弁明の機会を一切与えていない点は、手続面で本件解雇の相当性を大きく減殺させる事情といわなければならない。」

裁判例：退職勧奨を行ったことなどを評価したもの

平成26年1月30日東京地裁判決（26・トライコー事件）は、外国企業の日本の事業所における記帳・経理業務、従業員の給与計算

業務等の代行を行う使用者において、記帳・経理代行業務に特化した専門職としての労働者が、適格性を欠くとして解雇され、有効と判断されたものです。

　裁判所は、労働者について能力不足を認めた上で「被告（注：使用者）は、平成24年2月、原告（注：労働者）の解雇を検討したものの、これを控えて、原告に対し、退職を勧奨し、その際、原告からの要望を受けて、一定期間引き続き在籍させる一方、その期間の勤務を免除する取扱いをするなどして、当事者双方の合意による円満な退職を実現しようとしたものと認められる。」「これらの事実に、前記認定の原告の職務遂行の状況や被告の注意・指導の状況等を併せみれば、本件解雇は、客観的に合理的な理由があり、社会通念上相当と認められるというべきである。」としました。

裁判例：労働者の行為により手続に長期間を要したもの

　平成26年12月24日東京地裁判決（54・学校法人早稲田大学（解雇）事件）は、大学の教授の地位にあった労働者に対する解雇を有効と判断したものです。

　使用者の「教員の表彰及び懲戒に関する規定」に基づき、労働者を査問対象とする査問委員会が設置されましたが、査問期間中、労働者は解雇されるまで約1年間自宅待機とされました。その間、解雇する場合に必要となる教授会の決議が3回行われ、3回目にしてようやく承認されたことから、労働者は、これまでの経緯について、手続の相当性を欠くと主張しました。

　しかし、3回の決議を要した理由は、当初、労働者が合意による退職の意思を表示していたところ、それを撤回したことが契機となっていたからであり、また、3回もの教授会の決議を要したことについても、その招集・開催手続及び決議に瑕疵はなかったことから、解雇の効力は否定されませんでした。

(5) 手続違反 ～手続の瑕疵の軽重～

Q

就業規則に解雇の手続を規定した場合、その規定に違反して解雇がされた場合どうなりますか。

A

解雇が無効となるのが原則だと思われますが、手続上の違反が軽微な場合には効力に影響を及ぼさないこともあります。

【問題の所在】

解雇手続に違反があっても解雇の理由があれば効力が否定されるべきではない場合というのはあるのでしょうか。

裁判例：労働者本人に対する手続が欠けていたもの

平成26年6月5日神戸地裁判決（37・NHK神戸放送局（地域スタッフ）事件）は、受信料の集金等を行う地域スタッフとして契約を締結した者について労働者性を認め、能力不足を理由に行われた契約期間途中の解雇を無効と判断したものです。

労働者との契約において「『特別指導』を実施中のスタッフの委託契約を更新する場合には、被告（注：使用者）から当該スタッフに対し、具体的な業務改善要望事項を示してこれを誠実に履行することを約束させ、3年間の契約を改めて締結し、その約束が果たされず、業績改善の見とおしが立たない場合に初めて解約できる」と規定されていましたが、裁判所は、使用者が、この事件の労働者との間で締結された平成19年4月以降の各契約において、そのような手続が行われたことを裏付ける証拠がなく、解約の手続要件を満たしていないとして無効と判断しました。

裁判例：招集手続の瑕疵を軽微なものとして効力を否定しなかったもの

　平成29年3月24日大阪地裁判決（**115・NPO法人H事件**）は、障害者福祉サービス事業を行う使用者（NPO法人）が、その元理事長だった労働者に対し行った解雇について、労働者の主張する手続の瑕疵を認めず、有効と判断したものです。

　裁判所は、解雇理由となった労働者の行為について、悪質な犯罪的行為と評価し、客観的に合理的な理由があるとしました。

　労働者の主張は、解雇の意思表示を行った使用者について、その時の理事会が決議を行ったところ、当該理事会の理事を選任した平成24年度定時総会の招集及びその付議事項について、当時の理事会の決議を経ておらず、招集手続に瑕疵があり無効であるというものでした。

　これに対し、裁判所は、手続上の瑕疵を認めましたが「もっとも、招集手続に瑕疵のある総会での決議が、法律上当然に無効となると解するのは相当ではなく、決議の有効・無効については、招集手続の瑕疵の種類や程度、その他総会における審議や決議の方法等諸般の事情に照らし、その手続的瑕疵が、総会の決議を通じて社員に法人管理の権限を確保しようとした趣旨を著しく没却するか否かの観点から判断されるべきである。」と述べ、平成24年度定時総会には、議決権を有する正会員に対し、議案が記載された開催通知が事前に送付されていること、同総会自体は、何らの混乱なく全議案が決議されたこと等から、決議自体を無効とはしませんでした。

第4章

労働契約法による解雇無効
（懲戒解雇）

　解雇は、客観的に合理的な理由を欠き、社会通念上相当であると認められない場合は、権利を濫用したものとしてその効力が否定されます（労働契約法16条）。

　しかし、懲戒解雇については、労働者の行為の性質その他の事情も踏まえて権利濫用となるかが判断されるべきとされています（労働契約法15条）。

　本章では、実際に行われた懲戒解雇（非違行為に基づく普通解雇も含む）についてその効力が争われた裁判例をもとに、どのような場合にその要件を満たすと判断されるのかを見ていきます。

1　規定の整備

（1）規定の不備
～規定にない種類の懲戒処分ができるか？～

Q

懲戒の種類として「減給」の規定がない場合、懲戒処分として減給することはできますか。

A

できません。

【問題の所在】

　懲戒規定（懲戒の種類及び懲戒事由並びにその他手続規定）を欠いているにもかかわらず、規定にない懲戒処分等を行った場合、どのように判断されるのでしょうか。

裁判例：懲罰規定に「解雇」の規定を欠いたため、
　　　　　異なる規定により解雇したもの

　平成25年3月25日東京地裁判決（3・日本相撲協会（「故意による無気力相撲」・解雇）事件）は、日本相撲協会から引退勧告を受けた力士が、それに応じなかったことにより解雇とされたことが無効と判断されたものです（なお、日本相撲協会と力士との関係を労働契約とは認めていません）。

　この事件では、かねてから無気力相撲に関する懲罰規定として、次のような規定がありました。

> 「第6条　故意に無気力相撲をした力士に対する懲罰は、けん責、給与減額、出場停止、引退勧告、除名とする。」

　ここで、当該規定に「解雇」が規定されていませんので、本件の力士に対して無気力相撲をしたことを理由に解雇することはできなかったことから、日本相撲協会は、引退勧告に応じなかったことが「協会内の秩序を乱す行為」にあたるという理由で、当該力士を解雇しました。

　裁判所は、「勧告」の意味を踏まえ、引退勧告に応じないことが「協会内の秩序を乱す行為」に当たらないと判断した上で、「被告（注：日本相撲協会）の本件解雇処分は、実質的には、無気力相撲懲罰規定に明定されていない処分（注：解雇）を行ったものといわざるを得ず、そうだとすれば、その手続には違法があるというべきである。被告においても、本件解雇処分をした翌日、平成23年4月改定後の無気力相撲懲罰規定を施行したところ、その懲戒種別にそれまで規定されていなかった『解雇』を加えているのであり、自らの規定の不備を自認しているというべきである」としました。

　なお、この事件では、当該懲罰規定について、平成23年4月15日、次のように「解雇」が追加され改定されたことが認められています。

> 「第6条　故意に無気力相撲をした力士（懲罰時に年寄である者を含む）に対する懲罰は、出場停止、引退勧告、解雇、除名とする。故意による無気力相撲の申込み、要求もしくは約束した力士に対する懲罰も同様とする。」

裁判例：対象行為後に手続規定を制定した上で懲戒解雇としたもの

平成29年1月20日静岡地裁判決（**109**・学校法人常葉学園（短大

准教授・本訴）事件）は、補助金の不正受給について公益通報を行った労働者に対する懲戒解雇を無効としたものです。

この事件では、時系列として、①労働者が使用者の補助金の担当者を告訴したこと、②労働者が使用者の補助金過大受給について公益通報を行ったこと、③①の労働者による告訴が不起訴処分となったこと、④補助金の受給が過大であったことについて新聞報道されたこと、⑤懲戒規定が制定されたことが認められています。労働者は、⑤の後に、①を理由に懲戒解雇とされました。

裁判所は、これらの経緯を踏まえ「本件懲戒解雇は、本件公益通報に対する報復とまでは認められないものの（したがって、原告（注：労働者）の公益通報者保護法３条に基づく無効の主張は認めることはできない。）、本件公益通報後、これに関する問題が大きくなるのを防ぐために性急に行ったものであるとの評価を免れない。」と述べ、労働者に対する処分について慎重な対応を経ていないとして、相当性を欠くものと判断しました。

〈補足説明〉

懲戒に関する規定を欠いた場合、懲戒処分を行うことはできません。労働契約法15条の「懲戒することができる場合」といえないからです。平成25年３月25日東京地裁判決（3・日本相撲協会（「故意による無気力相撲」・解雇）事件）は、労働契約ではありませんが、組織の構成委員に対する不利益処分一般について、このことが妥当することが理解できます。

また、平成29年１月20日静岡地裁判決（109・学校法人常葉学園（短大准教授・本訴）事件）は、手続規定を事後的に定めたものですが、そのような経緯から相当性を否定しています。この事件で使用者がこのような規定を制定した理由は明らかではありませんが、慎重に判断したという既成事実を残したかったのかもしれません。

加えて、懲戒規定に基づき設置された懲戒委員会では、自主退職を促すことが相当との意見が出されていましたので、手続的な点のみならず、懲戒処分の程度という実体的な点からも、使用者の懲戒解雇が相当性を欠くと判断されたものといえます。

(2) 就業規則の周知 ～周知による効力発生～

Q

懲戒規定が就業規則として周知されていない場合、懲戒処分をすることはできますか。

A

できません。

【問題の所在】

就業規則は、周知（労働契約法7条本文）することにより労働契約の内容となりますが、周知されていない懲戒規定に基づき懲戒処分をすることはできるのでしょうか。

裁判例：就業規則の周知がなく懲戒解雇を無効としたもの

平成28年5月30日東京地裁判決（91・無洲事件）は、懲戒解雇された労働者が、地位確認及び賃金支払請求は行わず、時間外労働等割増賃金の支払いのほか、懲戒解雇について不法行為が成立すると主張して損害賠償を請求したものです。

裁判所は、懲戒解雇について、就業規則の周知がされていなかったことから、それに基づく懲戒解雇については効力を有しないと判断しました。

【実務上のポイント】

懲戒解雇ができないのであれば、普通解雇とすればよいだけのこ

とです。

　不利益な処分の程度が重くなれば重くなるほど、それが有効とされるための要件が高くなるのは当然です。使用者として可能な処分の範囲で、目的を達することができるものを選択すればよいだけのことです。

❷ 対象となる行為

（1）事実の特定 ～５Ｗ１Ｈの特定～

Q

パワハラを理由に懲戒することはできますか。

A

「パワハラ」と評価される具体的な事実を特定して懲戒の対象とする必要があります。それができなければ懲戒はできません。

【問題の所在】

「パワハラを行う従業員を懲戒解雇したい。できなければ他の従業員が辞めてしまう。」と相談を受けた場合、まず、何を確認すべきでしょうか。

裁判例：使用者の質問の態様から懲戒事由を認めなかったもの

平成25年11月8日大阪地裁判決（**17・学校法人Ａ学院ほか事件**）は、高校の教員である労働者が、使用者である学校法人の同僚の女性教員に対し、車中で暴行を加え、わいせつ行為を行ったことを理由に懲戒解雇とされたところ、懲戒事由とされた暴行の事実を認めることができないとして、懲戒解雇が無効と判断されたものです。

裁判所の判断対象とした事実は、「原告（注：労働者）が平成21年9月22日に被告乙山（注：同僚の女性教員）に対して自動車内で暴行を加えわいせつ行為を行ったこと」でした。使用者の主張では、平成22年9月11日に実施された非公式の事情聴取において、

労働者が平手打ちをしたことを一旦は認めたことから懲戒事由が存在するとするものでした。

　しかし、裁判所は「原告（注：労働者）が非公式の事情聴取において『暴力にあたるような平手打ちをしたことはないです』などと述べていたことからすると原告が被告乙山（注：同僚の女性教員）に対して平手打ちをしたとの事実を認めることができ、また、質問の流れからすると原告は本件ドライブの日に平手打ちをしたことを認めたとも解されるが、平手打ちをしたことはあるかとの質問自体は日時を限定して尋ねておらず、質問者自身、直後に平手打ちをした時期を確認しているから、原告が他の日のこととして答えた可能性を否定することはできず、原告が被告乙山に対して平手打ちをした日が同日であることを認めるに足りる証拠はない。」「そうすると、原告が被告乙山に対して平手打ちをしたとの事実を認めること及び原告が平成21年9月22日に自動車内で胸を触るなどの行為を行ったとの事実を認めることはできるが、原告が同日に自動車内で暴行を加えたとの事実を認めるに足りる証拠はないから、本件懲戒解雇は、解雇事由を認めるに足りる証拠はなく、その余の点について判断するまでもなく、無効である。」としました。

　なお、裁判所は、同僚の女性教員について、その供述が、暴行の態様について供述が一貫しない等のことを理由に、全面的に信用することができないと判断し、虚偽の懲戒事由を使用者に申告したものとして、労働者に対する不法行為責任を認めています。

【実務上のポイント】

　普通解雇の場合もそうですが、労働者の行為を理由に懲戒処分を行う場合には、その対象となる行為を特定する必要があります。

　例えば、労働者が、部下に対して「バカ」といった言辞に及んだ行為を懲戒の対象とする場合には、それがいつどのような場面での

ことか、５Ｗ１Ｈを明らかにして特定しなければなりません。な
ぜなら、同様の行為が複数回行われていた場合、そのどれが懲戒の
対象とされたのか明らかにする必要があるからです。

　実務上は、非違行為が発覚したのちに、証拠（上記裁判例では労
働者の供述）を揃えた上で、そこから特定できる事実を懲戒の対象
とすることが一般的だと思われます。証拠を集めた上で、手堅い範
囲で懲戒の対象となる非違行為を特定すべきです。

（2）証拠の信用性 ～長時間拘束した後の自白～

> **Q**
>
> 懲戒事由を証明するための資料はどのようなものを揃えておけば
> よいでしょうか。

> **A**
>
> 労働者が認めるのであればその旨を書面にして署名をもらうべき
> ですが、可能であれば、それ以外にも客観的な資料を揃えるべき
> です。

【問題の所在】

　懲戒事由について、労働者がそれを認めるのであれば、何らかの
形で認めてもらい書面にしておくべきですが、何か注意することが
あるのでしょうか。

裁判例：労働者作成の上申書が信用できないと判断されたもの

　平成25年４月24日東京地裁判決（**6・イーハート事件**）は、情
報漏洩を理由とする労働者に対する懲戒解雇について、理由がない
として、無効と判断したものです。

　使用者は、パチンコ・スロット店など遊技場・ゲーム場の経営等
を行う会社で、労働者は、店舗で就労していた者です。使用者は、

労働者が客に対し目が出る確率が高く設定された台の情報を漏洩する見返りとして、約14万円の利益を得たとして、懲戒解雇としたものでした。

労働者は、懲戒事由を認める趣旨の上申書を作成しましたが、それが作成されたのが、使用者により2日間に渡り長時間の事情聴取が行われたのちであったことや、その内容は、具体的な行為の日時、行為態様、関与した者の特定がない抽象的かつ不自然なものであったため、裁判所は「本件上申書等は、裏付けがないことや、記載内容、作成経緯等に照らし、信用することができない。」として、労働者による情報漏洩が認められないと判断しました。

裁判例：事実認定を外部の判断に依拠したもの

平成29年3月9日東京高裁判決（113・野村證券事件・控訴審）は、原審（平成28年2月26日東京地裁判決（81・野村證券事件））が懲戒解雇を無効とした判断を維持したものです。

使用者は、労働者の2つの行為のうちの1つについて、懲戒事由「会社の名誉または威信を傷つけた場合」に該当すると主張したものですが、労働者の行為の認定は、証券取引等監視委員会が使用者へ勧告を行った際に認定した事実に依拠したもので、自ら懲戒事由の認定を行ったものではありませんでした。

そのため、裁判所は、その勧告を受けた認定事実が認められるか審理しましたが、証券取引等監視委員会の判断と異なり、結論として当該事実が認められないと判断しました。

【実務上のポイント】

懲戒事由について、いわゆる「自白」を労働者に求めるとしても、強制的に事情聴取を行うようなことはできません。仮にそのようにして自白が得られたとしても、平成25年4月24日東京地裁判決

（6・イーハート事件）のように信用してもらえない場合があります。

　また、外部機関が事実認定に関与したとしても、懲戒事由があったと認められるかどうかは、労働者が認めるかどうかも含めて、可能な限り、自ら証拠を検討して判断しておくべきです。

③ 懲戒規定の適用

（1）非違行為の程度 ～重大な損害発生の蓋然性～

Q

懲戒規定の適用（あてはめ）について注意すべきことはありますか。

A

「著しい」などの要件があれば、容易に認めてもらえない可能性があります。

【問題の所在】

懲戒の対象となるべき行為が特定されたとしても、それが懲戒規定に当てはまるかどうかが、非違行為の評価の程度も含めて問題となります。

裁判例：懲戒事由に含まれる「著しく」の意味を述べたもの

平成29年7月14日広島高裁判決（**126**・A不動産事件・控訴審）は、懲戒解雇については、懲戒事由該当性を否定しましたが、同様の理由でなされた普通解雇については有効としたものです。

労働者は、使用者の代表者の息子（使用者の取締役）が行った詐欺行為について、使用者が加盟し理事を務める協会に文書をファックスにて送信（本件送信）をしたところ、当該行為が懲戒事由である「会社の信用を著しく損なう行為のあったとき」にあたるとして懲戒解雇されました。

裁判所は、文書の内容から信用を損なうものと認めた上、さらに、文書の送付と信用毀損との因果関係を認め「会社の信用を損なう行為」にあたると判断しました。

　しかし、「著しく」の解釈について、「その『著しく』という文言があることのほか、一般に、懲戒解雇が労働者に与える影響、効果にも鑑みると、本件懲戒解雇事由…に該当する信用毀損行為は、単に、信用を損なう行為があったというだけでなく、その行為により、会社の信用が害され、実際に重大な損害が生じたか、少なくとも重大な損害が生じる蓋然性が高度であった場合をいうものと解するのが相当である。」としました。

　その上で、「確かに、被控訴人（注：使用者）は同族経営の小規模な会社であり…、役員個人の信用に係る事実が被控訴人の信用に直結するといえる。また、被控訴人は、顧客からの信用を得て高額の不動産取引に関与する業態であるから、信用の維持は被控訴人にとって重要であり、被控訴人代表者が本件協会の理事及び本部長に就任したことも、被控訴人がそれまでに培った信用を基礎としていることがうかがわれるところ、本件送信により、本件協会の会員に対し、被控訴人の役員が本件刑事事件により逮捕された事実が広く知られるとの結果が生じたのであり、被控訴人の信用毀損の程度を軽く見ることはできない。」「しかし、他方で、本件送信は被控訴人の顧客に対してされたものではなく、被控訴人に売上の低下等の経済的な実損害が生じたものではない…。また、被控訴人代表者が本件協会の理事及び本部長の辞任を余儀なくされるには至っていない…。そうすると、本件送信による信用毀損が原因で、被控訴人に実際に重大な損害が生じたとか、重大な損害が発生する蓋然性が高かったとまでは認められず、このほか、これを認めるに足りる証拠はない。」として、懲戒事由には該当しないものとしました。

裁判例：「重篤なとき」にあたらないとしたもの

平成25年6月21日大阪地裁判決（**8・乙山商会事件**）は、情報漏洩を理由とした懲戒解雇を、懲戒事由がないために無効と判断したものです。

使用者の主張する懲戒解雇事由は、労働者がハードディスクを自宅に持ち帰った行為でしたが、就業規則には次の規定があり、その違反が「事案が重篤なとき」は、懲戒解雇の対象になることが規定されていました。

> 「（持込、持出）31条　従業員は、出社及び退社の場合において日常携帯品以外の品物を持ち込みまたは持ち出そうとするときは、所属長の許可を受けなければならない。」

裁判所は、使用者が労働者の行為について「事案が重篤なとき」に該当するとして懲戒解雇事由に該当すると主張したのに対し「原告（注：労働者）が持ち帰った本件ハードディスクは、原告の私物であること、…被告（注：使用者）においても、…本件ハードディスクが備品であるか従業員の私物であるかなどについて特段の注意を払っておらず、備品や情報の管理が徹底されていたとはいい難いこと、…本件ハードディスクに保存された情報が外部に流出したか否かは確認されておらず、本件ハードディスクの無断持帰りによって、被告に何らかの損害が発生したと認めるに足りる証拠はないことに照らせば、仮に、被告が主張するとおり、被告が本件ハードディスクの無断持帰りを咎めた際、原告に反省の色が見られなかったとしても、そのことをもって、本件ハードディスクの無断持帰りについて、『事案が重篤なとき』に該当するとはいい難い。」としました。

裁判例：「会社秩序を乱し」たとまでは認めなかったもの

平成25年11月21日東京地裁判決（**20・芝ソフト事件**）は、役員

に対する暴言等を理由とする懲戒解雇が無効と判断されたものです。

懲戒規定として、就業規則82条3項に、次の規定がありました。

---

③　他人に対し暴行、脅迫を加え、またはその業務を妨害したとき。

⑦　故意または重大な過失により会社秩序を乱し、または乱そうとしたとき。

⑧　その他、会社の規律に反し、前各号に準ずる行為のあったとき。

裁判所は、使用者の主張する労働者の行為について「原告（注：労働者）は、被告（注：使用者）本社事務所の会議室において、A取締役と業務について協議していたところ、口論となり、同人に対し、大声で怒鳴り、A取締役も強い口調で反論したことから、原告が激高し、A取締役に対し、『やる気か、コラ』等と申し向けたことが認められる。」としましたが、1時間以上そのような状況が続き、それが原因で妊娠中の他の労働者が早退し、翌日欠勤したとの使用者の主張は認めませんでした。

その上で、「確かに、証拠…及び弁論の全趣旨によれば、原告は性格的に激高しやすい面があることから、業務遂行中において、被告代表者やA取締役に対しても、強い口調で自らの主張を述べることがあったこと、そのことが周囲の被告従業員に対して不安を感じさせたことが窺えないではないが、原告の上記行為が本件就業規則第82条第3項3号、7号及び8号に該当するとまでは認めることができない。」としました。

〈補足説明〉

上記裁判例のように、懲戒規定が「著しく」といった要件を含ん

でいる場合には、その求められる非違行為の程度も高いものが求められます。

　そのため、そのような要件を規定に含めないほうが懲戒解雇が認められやすいとも思われますが、そのような場合、裁判所は、条文を限定的に解釈して要件には容易にあてはまらないような解釈をとることがあります。

　さらに、条文にあてはまり懲戒事由を認めたとしても、労働契約法15条が相当性を要件としていますので、結論としては裁判所の判断（有効・無効）は同じようなものとなるはずです。

（2）情報漏洩 〜ハードディスクの持ち帰り行為？〜

Q

情報漏洩を理由に懲戒する場合、注意すべきことはありますか。

A

「情報」といえるものが、誰かに漏洩したと認められ、それが懲戒規定にあてはまるか、厳密に判断する必要があります。

【問題の所在】

　情報漏洩は使用者にとって重大な問題であり、情報を保存した電子機器等の持ち出しは安易に認めるべきではありませんが、それだけで情報漏洩といえるのでしょうか。

裁判例：情報漏洩とハードディスクの持ち出し

　平成25年6月21日大阪地裁判決（8・乙山商会事件）は、情報漏洩を理由とした懲戒解雇を無効と判断したものです。

　使用者の主張する懲戒解雇事由は、労働者がハードディスクを自宅に持ち帰った行為が、就業規則の次の規定に当てはまるというものでした。

　裁判所は「原告（注：労働者）が本件ハードディスクを原告の自
宅に持ち帰った事実は認められるものの、…本件ハードディスクに
保存された情報が外部に流出したことは確認されていないのである
から、原告が本件ハードディスクを自宅に持ち帰った行為が、29
条4項に該当するとはいえない。」「これに対し、被告（注：使用者）
は、会社に無断で業務関連情報を私物の記録媒体に電磁的記録とし
て記録し、社外に持ち出す行為は、その時点で、当該情報を外部に
流出・頒布する危険性を著しく増大させる行為であり、就業規則
29条4項にいう『外に漏らさないこと』に違反する行為と解すべ
きであると主張するが、懲戒解雇は、懲戒処分の中でも従業員の身
分を奪う最も重い処分であるから、懲戒解雇事由の解釈については
厳格な運用がなされるべきであり、拡大解釈や類推解釈は許されず、
情報が外部に流出する危険性を生じさせただけで、情報を『外に漏
らさないこと』という服務規律に違反したことと同視して懲戒解雇
ができるとの被告の主張は採用できない。」としました。

裁判例：労働者の文書配布行為を情報漏洩にあたらないと判断したもの

　平成25年10月10日東京高裁判決（**16**・とうかつ中央農協事件・
控訴審）は、原審（平成25年4月19日千葉地裁松戸支部判決・**5**）
の判断を維持し、懲戒解雇を無効としたものです。
　使用者は、平成21年3月12日、長期間欠勤していた労働者に対し、
「虚偽事実記載文書配布行為」及び「長期欠勤行為」が就業規則第
97条5号及び同条7号前段に違反する行為であり、同規則第94条
7号により懲戒解雇処分とする旨を記載した同日付け懲戒処分通知

書を送付しました。

　ここで、使用者の指す「虚偽事実記載文書配布行為」は、労働者が使用者等に送付した文書に、「Ａ市農協　黒字経営でついに、リストラ、だれが命令したのか　Ｃ１町　それとも　Ａ１　それとも　Ａ２　病気・怪我・いじめ・暴力・自殺・セクハラ・差別　農協職員組合・代　甲野」等と記載されていたことでしたが、裁判所は「文書の内容は、虚偽であるかどうかはともかくとして、主として被控訴人（注：労働者）の控訴人（注：使用者）に対する人事管理又は労務管理上の不平不満を述べるものに過ぎず、また、『組合の経営上若しくは業務上の重大な秘密』又は『職務に関連して知りえた組合員等の個人情報』に当たる記載があるとは認めるに足りず、かつ、本件文書の配布先は控訴人（合併前の旧Ａ市農協、旧Ｂ市農協及び旧Ｃ農協）の役員や支店であって、唯一外部の者といえる新合同タクシー労組Ｇに宛てた封書は、送達されずに被控訴人の元に返戻されたのであるから、控訴人の外に情報等を漏らしたということもできない。」として、使用者の主張する労働者の文書配布行為は「組合の経営上若しくは業務上の重大な秘密又は職務に関連して知りえた重大な過失により組合外に漏らしたとき」にはあたらないとしました。

裁判例：録音の禁止に違反したことが服務規律違反と判断されたもの

　令和元年11月28日東京高裁判決（**140**・ジャパンビジネスラボ事件）は、懲戒処分ではありませんが、語学スクールの運営等を行う使用者の執務室内において、労働者が同所での会話を無断録音したことが、服務規律違反と認められたものです。

　この事件では、労働者が育児休業から復帰するにあたり、正社員ではなく有期雇用契約を締結して職場に復帰することとなったこと

から、正社員としての地位を争うなどしたものでした。

　裁判所は、①業務上のノウハウ、アイディアや情報等が漏洩するおそれ、②コーチ同士の自由な意見交換等の妨げになること、③執務室内の会話をあえて秘密録音する必要性もないことを挙げ、個別に録音の禁止を命じることは業務管理として合理性がないとはいえず、許容されるものとしました。

　その上で、裁判所は、労働者と使用者の交渉内容に触れて「（労働者が使用者に対し）正社員として再契約を締結することを求めているところ、それは就業環境というよりも交渉の問題であって、執務室内における言動とは直接関係はなく、仮に何らかの関連がなくはないとしても、執務室内における会話を録音することが証拠の保全として不可欠であるとまではいえ」ないとして、秘密録音の正当性を認めず、服務規律に違反するものと認めました。

〈補足説明〉

　使用者が、事業場内での録音行為を禁止すること自体は、私的自治として問題ないといえますが、労働者がハラスメントの被害を受けているような場合にこれが認められなければ、その証明は著しく困難となってしまいます。そのため、執務室内における自由な発言を保証する利益と、そこにおけるハラスメント被害を証拠として保全する利益との均衡が問題となります。

　このような観点から、裁判所は、労働者の交渉内容（正社員としての再契約）と録音行為の関連性の観点から、労働者の秘密録音が証拠の保全として不可欠であるとは認めず、服務規律違反としたものです。

（3）名誉・信用毀損 〜不特定の者への公表の有無〜

Q

名誉毀損を理由とする懲戒解雇で問題となることはありますか。

A

社会的に評価が低下する事実が不特定の者に公表されたかが問題となります。また、公表した主体が問題となった裁判例もあります。

【問題の所在】

　名誉毀損を問題とする場合、例えば、鉄道会社の従業員が電車内で痴漢行為を行ったことにより使用者の社会的評価が低下する場合がありますが、その事実が報道されなければ社会的評価が下がることはありません。

　また、報道された場合であっても、労働者自身が公表したわけではありませんので、社会的評価が下がった責任を労働者に求めることはできるのでしょうか。

裁判例 ：「名誉または信用を害した」にあたらないと述べたもの

　平成29年1月20日静岡地裁判決（**109**・学校法人常葉学園（短大准教授・本訴）事件）は、告訴を行った労働者に対する懲戒解雇を無効としたものです。

　この事件では、労働者は、使用者の担当者らと補助金の不正受給について面談した際、公表を断念するように強要されたとして検察庁に対し告訴しましたが、「罪とならず、嫌疑なし」として、不起訴処分がされました。

　裁判所は、告訴については、労働者が面談の際の録音した会話を聞き直せば強要したものではないことが十分認識し得たにもかかわ

らず、検討不十分なままに告訴を行ったと評価することができ労働者が告訴事実が存在したと信じるにつき相当な理由があるということはできないとして、使用者の「秩序を乱し」たことは否定し得ないとしましたが、「原告（注：労働者）は、捜査機関に対して本件告訴を行ったものの、本件告訴を行ったことをマスコミその他の外部に公表したわけではなく、本件全証拠によっても、本件告訴によって現実に被告学園（注：使用者）の名誉や信用が害されたと認めるには至らない」として、懲戒事由「学園の秩序を乱し、学園の名誉または信用を害した」に該当するということはできないとしました。

裁判例：事実（労働者の行為）が認められるかが問題となったもの

　平成29年3月9日東京高裁判決（113・野村證券事件・控訴審）は、原審（平成28年2月26日東京地裁判決（81・野村證券事件））が懲戒解雇を無効とした判断を維持したものです。

　使用者は、労働者がインサイダー取引につながる行為をしたとして、懲戒事由「会社の名誉または威信を傷つけた場合」に該当すると主張したものです。

　しかし、裁判所は、使用者の主張する懲戒事由について「原告（注：労働者）が社外の者に未公表の法人関係情報を伝えたとの事実のみを問題にしているのではなく、証券取引等監視委員会が、原告が社外の者に未公表の法人関係情報を伝え、受領者がそれをもとにインサイダー取引を行ったとの認定事実に基づいて本件勧告を行い、その旨が報道されたとの一連の事実経過を問題とし、その結果として被告（注：使用者）の名誉又は威信が傷つけられた」ことを問題にしているものと判断しました。

　そのため、裁判所は、名誉又は威信が傷付けられたのは、証券取引等監視委員会が勧告を行い、その旨が報道されたからであり、労

働者の行為が直接的に使用者の名誉又は信用を傷付けたものではないことから、その勧告を受けた認定事実（労働者の行為）が認められるかどうかを判断すべきとしました。

その結果、裁判所は、当該事実が認められないと判断し、懲戒解雇を無効としました。

〈補足説明〉

平成29年３月９日東京高裁判決（113・野村證券事件・控訴審）については、証券取引等監視委員会が認定した事実は認定されず、懲戒事由が認められないと判断されたものですが、労働者の内部情報の管理等について、それなりに問題点があったことは認められています。

そのため、使用者は、そのような労働者の行為自体を問題として、証券会社の従業員として使用者の名誉又は威信を傷付ける行為として懲戒の対象とすることもできたように思われます。

ですから、懲戒解雇に限らず、懲戒処分をする場合には、どの規定を適用するかは当然重要ではありますが、対象となる労働者の非違行為は異ならないため、結果として、その行為の性質と、それに伴い生じた結果の重大性が認められるかを検討し、適用できる規定を検討すべきです。

（4）私生活上の非違行為 〜私的行為に対する秩序罰？〜

Q

プライベートでの出来事を理由に懲戒することはできますか。

A

その行為が使用者の事業活動と関連し、企業秩序の維持として懲戒する必要がなければ認められません。

【問題の所在】

　懲戒は、企業秩序を維持するための必要性から使用者に認められるものです。そうすると、労働者の私生活上の行為については、懲戒の対象とすることはできないのでしょうか。

**裁判例：非違行為が事業活動に直接に関連性を
　　　　　有すると判断されたもの**

　平成26年8月12日東京地裁決定（**45・東京メトロ（諭旨解雇・仮処分）事件**）は、懲戒解雇とされた労働者による仮処分の申立てを認めたものです。

　労働者は、旅客鉄道事業を行う使用者に雇用されるものでありながら、電車内で女性に対する痴漢行為を行ったことにより逮捕され、罰金20万円の略式命令を受けました。

　使用者は、労働者の行為について、就業規則の「職務の内外を問わず会社の名誉を損ない又は社員としての体面を汚す行為があったとき。」に該当すると主張したところ、裁判所は、「債権者（注：労働者）は、債務者（注：使用者）のほか鉄道会社全体が痴漢行為の防止について積極的に取り組んでいるという現状において、痴漢行為を防止すべき駅係員という立場にあるにもかかわらず、債務者の電車内で通勤途中に本件非違行為に及んだものであり、本件非違行為は、債務者の事業活動に直接関連を有し、債務者の社会的評価の毀損をもたらすものであると評価できる。したがって、本件非違行為は、債務者の企業秩序維持の観点から懲戒の対象となり得るものであり、就業規則56条2号規定の懲戒事由に当たるというべきである。」としました。

(5) 配転命令拒否
～不当な動機・目的・著しい不利益～

> **Q**
>
> 配転命令に応じない従業員を懲戒することはできますか。
>
> **A**
>
> 配転命令が有効と認められなければできません。

【問題の所在】

　配転命令拒否を理由とする懲戒規定は多く見受けられますが、その配転命令が無効と判断されれば、それに応じないことも正当であり懲戒とすることができなくなります。

裁判例：配転命令を無効と判断し懲戒解雇を無効としたもの

　平成28年1月14日東京地裁判決（**75**・大王製紙事件）は、配転命令を拒否したことを理由とした懲戒解雇について、配転命令が無効であることから、「配置転換、転勤、出向などを拒否したとき」に該当せず、無効としました。

　労働者は、使用者の役員であったところ、使用者及び関係会社の内部情報等を記載した告発状を作成し、当時、使用者の顧問の職にあった者に交付したところ、その事実が業界新聞で報じられました。

　そのため、裁判所は「業務上知り得た会社の秘密を他に漏らした」と評価して行われた降格処分については有効と判断しました。

　しかし、労働者に対する営業所長への出向命令について、就職してから約25年間物流部門での勤務経験がなかったことから合理性があったとは認めがたいとし、さらに、営業所での座席の配置からすれば、所長でありながら役職のない従業員と同格と扱われ、加えて、使用できる固定電話がなく携帯電話が与えられていたことから

「関係会社の取締役総務部長を歴任した…原告（注：労働者）の配置転換先としては、原告が本件降格処分を受けたことを考慮しても、余りに不相応であったというべきである。」としました。

さらに「出向命令が、本件降格処分を告知した直後にその場で発せられたものであり…、被告（注：使用者）において、懲戒処分の検討と平行して原告の配置転換先の検討が進められたと考えられることをも併せ考慮すれば、被告は、懲戒事由に該当する非行をした原告の処遇として、本件降格処分と…出向命令とを併せて決定したものであり、実質的に原告を懲戒する趣旨で…出向命令を発したとの評価を免れないというべきである。」として、その動機・目的が不当なものであると認め、出向命令を無効と判断しました。そして、それに伴い、出向命令拒否を理由とした懲戒解雇を無効としました。

裁判例：職種が限定されていたと認め配転命令を無効としたもの

平成29年3月9日名古屋高裁判決（**114**・ジブラルタ生命（旧エジソン生命）事件）は、労働者に対する懲戒解雇を有効とした原審（平成27年10月22日名古屋地裁判決・**71**）の判断を覆し、無効と判断したものです。

懲戒解雇は、労働者が配転命令に応じず、意図的に保険契約の募集業務を懈怠したことを理由とするものですが、裁判所は、労働者がSPL（営業職の採用・育成を行う管理職）の職種に限定して採用されたものと認め、労働者を営業職とする配転命令は人事権を濫用した無効なものと判断し、業務懈怠を理由とする懲戒解雇も理由がなく無効と判断しました。

裁判例：出向命令が無効と判断されたもの

平成30年3月7日大阪地裁判決（**136**・国立研究開発法人国立循環器病研究センター事件）は、懲戒解雇を無効としたものです。

裁判所は、人事異動ないし出向の有効性について「原告（注：労働者）の妻の病状は、相当に深刻なものであったといわざるを得ず、既に日常生活においても多大な支障が具体的に生じていたと認められるところ、原告の妻は、本件人事異動を聞いて現にパニック状態となり、自殺未遂を起こすまでの状況に立ち至っており、原告が本件人事異動命令に従えば環境変化により重大な事態を引き起こす可能性も十分に想定し得たこと、原告の妻の主治医も、原告の妻につき、『治療環境としては居住地ならびに夫の職務や勤務地は現在の状況を維持するのが必須であると判断する。』旨の診断書を作成していること…、原告が本件人事異動を拒否する動機は、妻の病状以外に見当たらず、原告が不当な動機で本件人事異動を拒否しているとは認められないこと、本件人事異動は、原告に係るこれまでの人事異動と同様に、ジョブローテーションの一環として定期的に行われるものであって、原告をＤセンターへ異動させることそのものに高度な必要性があったとまでは言い難いこと、以上の点を総合的に勘案すると…、その必要性、対象労働者の選定に係る事情その他の事情に照らして、出向に係る権限を濫用したものと認めるのが相当である。」と判断しました。

【実務上のポイント】

　正式に出された配転命令を拒否された場合、その対応には苦慮するものですが、直ちに懲戒解雇とすることは避けたほうがよいと思われます。

　理由は、配転命令が有効と判断されたとしても、懲戒解雇の相当性が判断されるからです。例えば、懲戒解雇ではなく、配転命令を撤回し、降格処分等の他の処分とすることが相当と判断される場合もないとはいえないからです。平成30年３月７日大阪地裁判決（**136**・国立研究開発法人国立循環器病研究センター事件）は、出向

命令の有効性を否定していますが、仮に有効であったとしても懲戒解雇は相当性を欠くものと判断しています。

　懲戒解雇が労働契約の終了という効果を伴う以上は、目的に応じてそうしなければならない必要性が常に問題とされます。裁判所が配転命令を有効だと判断すれば、それを前提に処分を検討すればよいことですし、それに伴い退職勧奨を行うことも相当といえるはずです。

　いずれにしても、懲戒解雇することを目的に、あるいは不当な動機・目的で配転命令を行ったと判断されないよう、対応することが重要です。

（6）債務不履行と非違行為 〜就労時間中の私的行為〜

Q

業務時間中に私的な行為に及んだことを理由に懲戒することはできますか。

A

単なる債務不履行にとどまらず職場秩序を乱す程度のものであれば対象となり得ます。

【問題の所在】

　懲戒が職場秩序を維持するための使用者の権限である以上、例えば、病気による欠勤などの単なる債務不履行は、職場秩序を乱したものではありませんので、それだけを理由に懲戒することはできないはずです。

裁判例：職務専念義務違反と服務規律違反の関係を述べたもの

平成28年12月28日東京地裁判決（**107**・ドリームエクスチェン

ジ事件）は、業務時間中に極めて多数回（１日あたり１～２時間程度）に及び内容としても非常に問題といえるチャットを行ったことが服務規律違反にあたるとして行われた懲戒解雇を有効と判断したものです。

　裁判所は「業務時間中に私的なチャットを行った場合、この職務専念義務（注：労働時間中は職務に専念し他の私的活動を差し控える義務）に反することになる。」とした上で、「職務専念義務違反（業務懈怠）自体は、単なる債務不履行であり、これが就業に関する規律に反し、職場秩序を乱したと認められた場合に初めて懲戒事由になると解するべきである。」としました。

　そして、労働者のチャットの内容が、私的利用にとどまらず、顧客情報、信用毀損、誹謗中傷、セクハラというべきものであったことから、就業に関する規律（服務心得）に反し、職場秩序を乱すものと認め、懲戒事由にあたると判断しました。

〈補足説明〉

　問題の所在でも記載しましたが、労働者が欠勤した場合、欠勤自体は債務不履行でしかなく、懲戒の対象とはなり得ません。これが、就業規則の規定する事前の連絡等を怠り「無断欠勤」となった時に、懲戒事由になり得るのと同様のことを、上記裁判例は判断したものです。

4 運用上の留意点

(1) 二重処罰の禁止 〜減給のち懲戒解雇は可能か?〜

Q

過去に懲戒処分を行った行為について、日頃の勤務態度を踏まえて、改めて、懲戒解雇とすることはできますか。

A

同一の事由について重ねて懲戒の対象とすることはできません。

【問題の所在】

過去に懲戒処分とした行為について、労働者の反省が足りないなどの理由から、改めて懲戒解雇等の処分をすることはできるのでしょうか。

裁判例：同一事由について自宅待機処分及び懲戒解雇が行われたもの

平成26年10月10日大阪地裁判決（51・WILLER EXPRESS西日本事件）は、懲戒解雇及びそれに先行して行われた自宅謹慎等の不利益処分について効力が争われたものですが、同一の事由により重ねて懲戒解雇とされたことを理由に、当該懲戒解雇は無効と判断されました。

裁判所は「使用者の懲戒権の行使は、企業秩序維持の観点から労働契約関係に基づく使用者の権能として行われるものであるが、制裁罰にほかならないから、同一の行為について重ねて懲戒権を行使

することは、その権利を濫用したものとして無効とされる。そして、この理は、企業秩序違反行為についてなされた先行する不利益処分が有効な懲戒処分であるか否かに関わらないというべきであるから、使用者が、企業秩序違反行為を行った被用者に対し、違法な不利益処分を行った場合、当然に懲戒処分をやり直すことができるというわけではない。このような場合、使用者は、被用者に対し、先行する不利益処分を撤回するとともに、当該処分によって被った不利益をてん補した後でなければ、改めて懲戒権を行使することはできないと解される。しかも、当該企業秩序違反行為から期間が経過するにつれて、企業秩序維持の観点から懲戒権を行使する必要性が低減していくことも考慮しなければならない。」としました。

その上で「被告（注：使用者）は、原告（注：労働者）らに対し、平成20年6月10日の乗務について、二度にわたり違法な不利益処分を課しながら、これを撤回することなく、本件懲戒解雇処分…を行ったものであるから、同各懲戒解雇処分は、その権利を濫用したものとして無効であるといわなければならない。」と判断しました。

この事件の懲戒事由は、バスの運転手であった労働者が平成20年6月に行った乗務の数時間前に飲酒行為に及んだことでした。

使用者は、当該飲酒行為について、当初は懲戒解雇とせず自宅待機処分としただけでしたが、裁判所も、当初から所定の懲戒手続を行っていれば、労働者に対し、懲戒解雇処分を行うことができたとも述べています。

（2）公平性 ～起訴されたか不起訴とされたか～

Q

公平性の観点から、一定の基準に基づき懲戒解雇とすることに問題はありますか。

公平ではあっても、考慮すべき事由を考慮していないと判断されれば、相当でないと判断される場合があります。

【問題の所在】

同一の事由について、労働者によって処分の差を付けることは公平性に反する場合があります。他方で、一律の基準を設けてそれにより一律の処分とする場合に問題はないのでしょうか。

裁判例：内部基準の運用が公平性の観点から有意でないとされたもの

平成26年8月12日東京地裁決定（**45**・東京メトロ（諭旨解雇・仮処分）事件）は、諭旨解雇とされた労働者による仮処分の申立てを認めたものです。

労働者は、旅客鉄道事業を行う使用者に雇用されるものでありながら、電車内で女性に対する痴漢行為を行ったことにより逮捕され、罰金20万円の略式命令を受けました。

使用者は、労働者の行為について、就業規則の「職務の内外を問わず会社の名誉を損ない又は社員としての体面を汚す行為があったとき。」に該当すると主張し裁判所もこれを認めました。

しかし、相当性については、労働者の行為について厳しく非難されるべきものであるとしながら、「債務者（注：使用者）が開示する、従業員の痴漢行為に関する懲戒処分例によれば、従業員が起訴された場合には諭旨解雇とされる一方で、不起訴処分となった場合には停職等にとどめられるとの運用がされていることが一応認められるところ、一件記録に照らしても、本件非違行為に対する懲戒処分の選択において、債務者側において、刑事手続における起訴・不起訴以外の要素を十分に検討した形跡がうかがわれない。」「そして、債

権者（注：労働者）には前科・前歴や債務者からの懲戒処分歴が一切なく、勤務態度にも問題はなかったことが一応認められることを併せ考慮すれば、企業秩序維持の観点からみて、本件非違行為に対する懲戒処分として本件諭旨解雇より緩やかな処分を選択することも十分に可能であったというべきである。」として、諭旨解雇は重すぎると判断しました。

　また、その本訴である、平成27年12月25日東京地裁判決（74・東京メトロ（諭旨解雇・本訴）事件）も、相当性の点について、「被告（注：使用者）は、本件行為のような痴漢行為をした被告の従業員に対する懲戒処分を決定するに際しては、当該従業員が当該痴漢行為について起訴（略式命令が請求される場合を含む。）されたかどうかだけを基準とし、この際、当該痴漢行為の具体的な態様や悪質性、当該従業員の地位、当該従業員が当該痴漢行為について隠ぺい工作をしようとしたかどうか、当該従業員の日ごろの勤務態度については考慮の対象とはしておらず、本件処分を始め、被告における痴漢行為に係る懲戒処分は、いずれも、上記基準に基づいて決定されていたとの事実が認められる。」「上述のような決定の方法は、従業員に対する懲戒処分という従業員の権利、利益に重大な影響を及ぼす処分の内容を決定する方法としては不合理にすぎるといわざるを得ない。したがって、本件処分につき、被告において上述のような方法で行われてきた過去の懲戒処分の例との関係での公平性を検討することには、有意の意味があるとはいい難い。」としています。

〈補足説明〉
　痴漢等の被害者のある刑事事件については、被害者と示談が成立した場合に、起訴猶予処分となることが多々あります。
　上記裁判例では、労働者が弁護士を通じて示談を試みましたがう

まくいかなかったという事情がありました。

　そのため、裁判所は、起訴と不起訴を分ける基準が、示談が成立したかどうかにかかっていることを理解した上で、刑事処分として起訴（略式請求）されたことはやむを得ないとしても、懲戒処分において、労働者が弁護士に依頼して示談を試みた事実を含め起訴・不起訴以外の事情が一切考慮されないことは相当ではないと判断したものと思われます。

裁判例：懲戒委員会の意見を尊重しなかったことから　　　　　慎重な対応を欠いたとしたもの

　平成29年1月20日静岡地裁判決（**109・学校法人常葉学園（短大准教授・本訴）事件**）は、告訴を行った労働者に対する懲戒解雇を無効としたものです。

　労働者は、使用者の担当者らと、補助金の不正受給について面談した際、公表を断念するように強要されたとして検察庁に対し告訴しましたが、「罪とならず、嫌疑なし」として、不起訴処分がされました。

　裁判所もこの点については、検討不十分なままに告訴を行ったと評価することができ、労働者が告訴事実が存在したと信じるにつき相当な理由があるということはできないとしましたが、使用者が懲戒委員会の出した意見を踏まえず懲戒解雇とした点について「本件懲戒委員会は、…原告（注：労働者）に対し自主退職を勧めるなどの慎重な対応が必要であるとの意見を付したにもかかわらず、…そのような慎重な対応を経た形跡がないことに照らせば、本件懲戒解雇は、処分として重きに失すると言わざるを得ない。」としました。

〈補足説明〉

　懲戒処分の公平性は、使用者の内部基準やこれまでの前例に照ら

して判断されることがよくあります。そして、内部的に懲戒処分を検討する委員会等がある場合には、その中で前例等を検討した上で処分に対する意見が出されることとなりますので、当然ながら、その意見も尊重されるべきとの判断となります。

（3）注意・指導の必要性 〜勤務態度の改善のため〜

Q

普通解雇の場合と同様に、懲戒解雇とするには、それまでに注意・指導を行っておくことは必要ですか。

A

基本的には必要です。ただし、あくまでも懲戒ですから、非違行為の程度によっては1回の行為で懲戒解雇が有効となることもあります。

【問題の所在】

　能力不足等を理由として普通解雇とするには、それまでに注意・指導が必要ですが、懲戒解雇の場合、懲戒という性質上、注意・指導が不要だとも思えます。

裁判例：注意・指導とともにより軽い処分にする
　　　　　余地があるとしたもの

　平成28年7月19日東京地裁判決（**96**・クレディ・スイス証券（懲戒解雇）事件）は、セクハラ行為等を理由とする懲戒解雇について、無効と判断したものです。

　裁判所は「原告（注：労働者）の各行為はそれぞれ懲戒事由に該当し、その内容からして、原告は相応の懲戒処分を受けて然るべきであると考えられるが、いずれの行為についても懲戒処分を検討するに当たって考慮すべき事情等があり、従前注意、指導といった機

会もなかった（弁論の全趣旨）のであるから、これらの行為全てを総合考慮しても、懲戒処分における極刑といわれる懲戒解雇と、その前提である諭旨退職という極めて重い処分が社会通念上相当であると認めるには足りないというべきである。」

「この点に関して、被告（注：使用者）は、被告の業務の信頼性、品質全般に関する評価あるいはブランドイメージは非常に重要であり、被告のリレーションシップ・マネージャーとして、原告の職責は重大であるところ、かかる立場にある原告が前記のとおり複数の非違行為を重ねていた以上、雇用の継続はあり得ない旨主張するが、前述の点を勘案し、総合考慮すると、降職までの懲戒処分にとどめ、然るべき注意、指導をするという選択肢があり得ないとは解されないのであって、諭旨退職及び懲戒解雇以外の選択肢はない旨の被告の主張は容易に採用することができない。」としています。

■裁判例：注意指導による改善が困難と判断したもの

平成28年12月28日東京地裁判決（**107**・ドリームエクスチェンジ事件）は、労働者の業務時間中に行ったチャットについて、極めて多数回に及び内容としても私的利用に止まらず、顧客情報、信用毀損、誹謗中傷、セクハラというべきものであったことを理由に行われた懲戒解雇を有効と判断したものです。

裁判所は、チャットの回数が異常に多く、1日あたりの時間に換算すれば、毎日1時間ないし2時間に及んで行われたものであったことから「チャットの相手方が社内の他の従業員であること、これまで上司から特段の注意や指導を受けていなかったことを踏まえても、社会通念上、社内で許される私語の範囲を逸脱したもの」としました。

さらに「本件チャットの態様、悪質性の程度、本件チャットにより侵害された企業秩序に対する影響に加え、被告（注：使用者）か

ら、本件チャットについて、弁明の機会を与えられた際、原告（注：労働者）は、本件チャットのやり取り自体を全部否定していたことからすれば、被告において、原告は本件懲戒事由を真摯に反省しておらず、原告に対する注意指導を通してその業務態度を改善させていくことが困難であると判断したこともやむを得ないというべきである。」として、これまで懲戒処分を受けたことがないことを踏まえても懲戒解雇が相当と判断しました。

なお、この事件では、チャットの相手となっていた他の労働者で、顧客情報を持ち出した者やチャットを主導的に行っていたと判断された者についても懲戒解雇となっています。

（4）情状 〜反省の様子や過去の処分歴〜

Q

懲戒解雇を選ぶにあたり、どのような事情を考慮すべきですか。

A

行為の性質や態様はもちろんのこと、「その他の事情」として、過去の処分歴や反省の態度などあらゆる事情を考慮すべきです。

【問題の所在】

懲戒解雇の相当性を検討するにあたり、情状としてどのようなことが考慮されるのでしょうか。

> **裁判例**：行為態様から悪質性が高くなかったこと等を
> 考慮したもの

平成29年10月4日前橋地裁判決（**128**・国立大学法人群馬大学事件）は、パワーハラスメントを理由とする労働者に対する懲戒解雇について、社会通念上の相当性を欠くとして無効と判断したものです。

裁判所は、労働者の行った懲戒事由であるパワーハラスメントについて、軽視することはできないとしながらも「本件で提出された証拠によっては、被告（注：使用者）が主張する非違事由のほとんどが懲戒事由に該当するものとは認められないものであり、原告（注：労働者）の懲戒事由に該当するハラスメントの内容及び回数は限定的である。その上、原告のパワーハラスメントはいずれも業務の適正な範囲を超えるものであるものの業務上の必要性を全く欠くものとはいい難いし、また、原告のセクシュアルハラスメントが殊更に嫌がらせをする目的に基づいてなされたものとはいえないことからすれば、原告のハラスメント等の悪質性が高いとはいい難い。」とした上で、労働者について、過去に懲戒処分を受けたことがあることをうかがわせる事情はなく、本人ヒアリング結果等において、ハラスメントの一部を認め、反省の意思を示していたことを認め、「教職員に対する懲戒処分として最も重い処分であり、即時に労働者としての地位を失い、大きな経済的及び社会的損失を伴う懲戒解雇とすることは、上記懲戒事由との関係では均衡を欠き、社会通念上相当性を欠くといわざるを得ない。」としました。

裁判例：出向命令違反の内容からしても相当性がないと判断したもの

　平成30年3月7日大阪地裁判決（136・国立研究開発法人国立循環器病研究センター事件）は、懲戒解雇について無効としたものです。

　まず、裁判所は、労働者に対する人事異動ないし出向について権利を濫用したものと判断しました。

　その上で、懲戒解雇の効力について、仮に人事異動等が有効であったとしても「原告（注：労働者）の妻の病状（注：労働者に対する人事異動を聞いてパニック状態となり、自殺未遂を起こすまでの状

況に立ち至っていたもの）及び原告が本件人事異動に応じ難い事由
があることに加え、原告は被告（注：使用者）に対し、人事異動に
応じることができない理由等について、再三に渡って診断書を添付
した書面で説明をしていること、…本件人事異動は、ジョブローテー
ションの域を出るものではなく、原告をDセンターに異動させる高
度の必要性があったとまでは認められず、被告及びA機構としては、
原告の妻の病状に鑑みて、しばらくの間、原告の人事異動を差し控
えることも十分に可能であったとうかがえ、少なくとも原告がDセ
ンターに異動しなければ、被告ないしA機構において、組織上著し
い支障が生じることを認めるに足りる的確な証拠は認められないこ
と、原告について処分歴や日常の勤務の不良等を窺わせる事情は認
められないこと、以上の諸事情を総合すれば、本件人事異動命令に
応じないことを理由とする本件解雇は、重きに失するものといわざ
るを得ない。」としました。

裁判例：過去の懲戒処分歴がなかったことをよい情状と評価したもの

　平成26年11月12日東京地裁判決（**52**・東京エムケイ（損害賠償
請求）事件）は、懲戒事由に該当する行為について、普通解雇とし
たところ、無効と判断したものです。

　労働者はタクシーの運転手であり、懲戒の対象となる行為は、営
業車両を運転中に自損事故を起こしながら、事故を隠滅し、その報
告も怠ったというものでした。

　裁判所は、労働者の行為を悪質と評価しながらも「原告（注：労
働者）にはこれまで懲戒処分歴はなく、勤務態度に問題を指摘され
ていたとの事情もうかがわれない上、これまでに本件隠蔽行為と同
種の行為を繰り返していた証拠はない。」とした上で、労働者が本
件隠滅行為を申告し謝罪したことを踏まえ「１回の本件報告懈怠及

び本件隠蔽行為により、原告と被告（注：使用者）との間の信頼関係が、本件解雇によって本件雇用契約を解消しなければならない程度にまで破壊されたものと評価することはできない。」としました。

裁判例：勤務態度等をよい情状と評価したもの

　平成26年8月12日東京地裁決定（**45**・東京メトロ（論旨解雇・仮処分）事件）は、論旨解雇とされた労働者による仮処分の申立てを認めたものです。

　労働者は、旅客鉄道事業を行う使用者に雇用されるものでありながら、電車内で女性に対する痴漢行為を行ったことにより逮捕され、罰金20万円の略式命令を受けましたが、使用者の懲戒規定の運用において、起訴された場合は論旨解雇となり不起訴となった場合は停職処分等とされていました。

　裁判所は「債権者（注：労働者）には前科・前歴や債務者（注：使用者）からの懲戒処分歴が一切なく、勤務態度にも問題はなかったことが一応認められることを併せ考慮すれば、企業秩序維持の観点からみて、本件非違行為に対する懲戒処分として本件論旨解雇より緩やかな処分を選択することも十分に可能であったというべきである。そうすると、本件論旨解雇は重きに失するといわざるを得ない。」としました。

　また、その本訴である、平成27年12月25日東京地裁判決（**74**・東京メトロ（論旨解雇・本訴）事件）も、「本件行為ないし本件行為に係る刑事手続についてマスコミによる報道がされたことはなく、その他本件行為が社会的に周知されることはなかったというのである。また、一件記録に照らしても、本件行為に関し、被告が被告の社外から苦情を受けたといった事実を認めるに足りる証拠も見当たらない。」「以上にかんがみれば、本件行為が被告の企業秩序に

対して与えた具体的な悪影響の程度は、大きなものではなかったというべきである。」「さらには、…原告（注：労働者）の被告（注：使用者）における勤務態度に問題はなく、また、原告は被告から本件処分の以前に懲戒処分を受けたことはなかったというのである」として、これらを考慮の上、諭旨解雇は重きに失すると判断しています。

裁判例：懲戒解雇となるまで謝罪や被害弁償がなかったことを悪い情状として評価したもの

平成30年5月30日東京地裁判決（**138・**KDDI事件）は、各種手当を不正に受給したことなどを理由に行われた懲戒解雇を有効と判断したものです。

この事件では、労働者が、3年以上の期間において、使用者に対し、本来行うべき申請を行わなかったというにとどまらず、積極的に虚偽の事実を申告して各種手当を不正に受給したり、本来支払うべき債務の支払いを不正に免れたりするなどし、400万円を超える損害を生じさせたことが認められています。

裁判所は、労働者の行為について「雇用関係を継続する前提となる信頼関係を回復困難な程に毀損する背信行為」と評価した上で、労働者が弁明手続において不合理な弁解に終始したことも踏まえ「これらの事情に加え…、原告（注：労働者）は、その後、…本件懲戒解雇がされるまで、被告（注：使用者）に対して明確な謝罪や被害弁償を行うこともなかったことや、…本件懲戒解雇に至る経緯に照らして、同解雇の効力に疑義を生じさせるような手続上の瑕疵も認められないことからすると、原告が30年以上にわたり被告に勤務していたこと…といった原告が指摘する諸事情を考慮しても、本件懲戒解雇が客観的に合理的な理由を欠き、社会通念上相当であると認められないものということはできない。」と判断しました。

5 手続上の問題

（1）弁明の機会 〜認否を求め弁解を聴く機会の付与〜

> **Q**
>
> 労働者から非違行為についての弁解を聴かなかった場合、問題となりますか。

> **A**
>
> 懲戒解雇が無効となります。

【問題の所在】

労働者に対し、懲戒事由についての弁解を聴く手続のことを弁明手続と呼びますが、この手続を行わないまま懲戒解雇とした場合どうなるのでしょうか。

裁判例：弁明手続を要する理由を述べたもの

平成27年1月23日東京地裁判決（**57**・日本ボクシングコミッション事件）は、数次にわたって行われた懲戒解雇を、いずれも無効と判断したものです。

裁判所は、第2次の懲戒解雇について「懲戒解雇を含む懲戒処分は、企業秩序違反行為に対して認められる制裁罰であって、その手続は適正に行われることを要するというべきであり、殊に懲戒解雇は懲戒処分のうち最も過酷な処分であることにも照らすと、その処分を行うに当たっては、特段の支障がない限り、事前に弁解の機会を与えることが必要というべきであり、かかる支障も認められない

のに、事前の弁解の機会を経ないまま懲戒解雇を行うことは懲戒手続における手続的正義に反するものとして社会的相当性を欠き、懲戒権の濫用となるものと認めるのが相当である。」と述べた上で、弁明の機会がないまま行われた懲戒解雇を無効としています。

　なお、使用者が、労働者の提起した本訴訟手続において弁明の機会が与えられるなどと主張したことに対して、裁判所は「上記のとおり就業規則の規定は懲戒解雇に先立ち事実関係をよく調査すべき旨を規定しているし、単に訴訟手続等で事後、主張立証が行われることになるというだけでは、事前の弁解を経ることのできなかった特段の支障として不十分である。」としました。

裁判例：弁明手続を欠いたため無効と判断されたもの

　平成26年7月10日東京高裁判決（**43**・A住宅福祉協会事件・控訴審）は、原審（平成26年2月25日東京地裁判決・**31**）の労働者の行為について就業規則上の懲戒事由にあたるとすることはできないとの判断を維持したものです。

　また、原審では「原告（注：労働者）に対して、懲戒解雇事由を告げてその弁解を聴取する手続をとった様子も見当たらないのであって、本件懲戒解雇には手続の相当性も欠けており、いずれにせよ無効である。」としています。

裁判例：弁明手続を欠き懲戒手続が進行することを
　　　　　知らされなかったことを問題としたもの

　平成27年12月25日東京地裁判決（**74**・東京メトロ（諭旨解雇・本訴）事件）は、労働者が、旅客鉄道事業を行う使用者に雇用されるものでありながら、電車内で女性に対する痴漢行為を行ったことにより逮捕され、罰金20万円の略式命令を受けたことから諭旨解雇となったものでした。

この事件では、諭旨解雇は相当性を欠くと判断されましたが、手続の相当性について裁判所は「原告（注：労働者）に対する本件行為に係る懲戒手続は、上記平成26年3月17日ころから具体的に進行するようになったものというべきであり、かつ、原告は、本件行為に係る具体的な手続が進行している最中には、当該手続が進行していることを知らされず、かつ、本件行為に係る処分について弁明をする機会を与えられていなかったものというべきである。」「このように、原告が本件において原告に対する処分が決定する具体的な手続が進行していることを知らされず、このような中で原告が同手続において弁明の機会を与えられなかったことについては、本件処分に至る手続に不適切ないし不十分な点があったものといわざるを得ない。」としています。

（2）予備的普通解雇
～懲戒解雇が無効でも普通解雇なら有効か？～

Q

懲戒解雇を通知した際に、同一の理由で普通解雇にもしていたと主張することはできますか。

A

できますが、その旨の意思表示をしていることを要します。

【問題の所在】

　懲戒解雇が相当ではないと判断された場合に備え、同一の理由について普通解雇とすることはできますが、懲戒解雇の意思表示にそれが含まれていたと認められるかが問題となります。

平成25年6月21日大阪地裁判決（8・乙山商会事件）は、労働
者が自宅にハードディスクを持ち帰ったことを理由になされた懲戒
解雇について、懲戒事由にあたらないとして無効としたものです。

裁判所は、使用者が予備的に普通解雇の意思表示をしたと主張し
たことに対し「懲戒解雇は、企業秩序違反に対する制裁罰として普
通解雇とは制度上区別されたものであり、実際上も普通解雇に比し
特別の不利益を労働者に与えるものであるから、懲戒解雇の意思表
示はあくまで懲戒解雇として独自にその有効性を検討すべきであ
り、懲戒解雇の意思表示を事後的に普通解雇の意思表示に転換する
ことは許されないと解すべきである。」「もっとも、使用者は、同一
の非違行為につき、普通解雇事由にも該当するとして予備的に普通
解雇の意思表示をすることは妨げられない。」と述べました。

しかし、裁判所は、使用者が懲戒解雇を通知した本件通告書には
「平成24年1月13日、貴方が管理していたコンピューター外付け
ハードデスクが紛失していることが判明した。同日貴方にお聞きし
たところ自分で勝手に自宅に持ち帰ったとのこと。当該ハードデス
クには会社の機密情報も入ったままであり『会社の業務上の機密及
び会社の不利益となる事項を外に漏らさない』服務規程に抵触する
と判断、従って本日付けで懲戒解雇の処分が決定しましたので通告
します」などと記載されていたため、普通解雇の意思表示がされた
とは認めませんでした。

裁判例：普通解雇の意思表示を認めなかったもの

平成26年7月4日東京地裁（39・ザ・トーカイ（本訴・懲戒解雇）
事件）は、懲戒解雇について無効と判断したものです。

使用者は、「懲戒解雇通知書」に次のような記載とともに、これ

が就業規則の懲戒規定に該当することを記載していました。加えて、解雇予告手当を支払い、その日をもって解雇した事実も踏まえ、裁判所は、予備的な普通解雇の意思表示があったと認めませんでした。

> 「処分事由：貴殿は、…重大な過失により当社に多額の損失を発生させ、訓戒降給処分を発しているが、なお、貴殿の業務態度は改まらない。
>
> 　貴殿は…何らの社内決裁手続を経ずして、無断で社用印を押印し、確認書を提出した。
>
> 　この貴殿の行為により、…多額の損失が発生しており、貴殿の行為は背任行為に該当する。」

裁判例：答弁書による予備的普通解雇の意思表示を認めたもの

平成29年7月14日広島高裁判決（**126・A不動産事件・控訴審**）は、懲戒解雇については、懲戒事由該当性を否定しましたが、同様の理由でなされた普通解雇については、答弁書においてその旨の意思表示がされたとして、有効としました。

この事件では、労働者が、使用者の代表者の息子（使用者の取締役）が行った詐欺行為について、使用者が加盟し理事を務める協会に文書を送付したことが、懲戒事由である「会社の信用を著しく損なう行為のあったとき」にあたるとして懲戒解雇とされました。また、普通解雇の理由については、「会社に損害を与えたとき」にあたると主張されたものでした。

労働者に対する解雇通知書には、以下のとおりの記載がありました。

> 「当社がN警察署に告訴しております事件について、犯人が甲野太郎であるという事が昨日（10月8日）午後2：38、N

警察署のＧ刑事より連絡がありました。

　平成26年9月30日より自宅待機を通知いたしましたが、正式に貴殿であると判明致しましたので自宅待機の平成26年9月30日付にて解雇致します。

　（解雇理由）

　①　協会会員でもないのに、協会会員であるかのように虚偽の文章を送付した。

　②　協会を混乱に陥れる強要文章をＦＡＸにて送信した。（コンビニＦより）

　③　2ヶ月近くに渡り、犯人は自分ではないと思い込ませ、非道な行動をとってきた。

　以上の理由により会社及び社員全員の信頼・信用を傷つけたことにより、協会及び会社としてＮ署に強要罪並びに名誉毀損罪で告訴しております。以上」

　裁判所は、上記の解雇通知書には、予備的な普通解雇の意思表示がされていたものとは認めませんでした。

　しかし、訴訟手続上作成され提出された答弁書により当該意思表示がされていると認め「上記陳述がされた平成27年11月26日から30日が経過した同年12月26日をもって、本件労働契約が終了したと認めることができる。」としました。

（3）退職金 ～請求が権利濫用となる場合～

Q

懲戒解雇しなくとも、懲戒事由があれば退職金の支払いを拒めますか。

権利濫用を理由に拒めると判断した裁判例があります。

【問題の所在】

　退職金規定において、懲戒解雇となった場合を不支給事由として規定していることが一般的です。

　では、労働者が懲戒解雇となる前に辞職してしまった場合、退職金の支払いを拒むことはできないのでしょうか。

裁判例：権利濫用により退職金の２分の１の支払いを拒めるとしたもの

　平成28年12月９日大阪地裁判決（106・医療法人貴医会事件）は、労働者が、平成26年10月27日に退職の意思表示を行ったところ、使用者が懲戒解雇（平成27年４月３日）を行い、それを理由に退職金の支払いを拒んだため、労働者がその支払いを求めたものです。

　裁判所は、懲戒解雇よりも労働者の辞職の意思表示のほうが早かったことから、それにより労働契約が終了したものと判断し、懲戒解雇により退職したものとは判断しませんでした。

　しかし、本件では、労働者に懲戒事由が認められたことから、裁判所は、その退職金請求について、懲戒解雇としなくとも権利の濫用にあたるとして、その支給の全部又は一部を拒むことができると判断しています。

　そして、「原告（注：労働者）の本件改ざん行為は、懲戒解雇事由に該当する悪質な行為であり、原告が19年余にわたり本件病院に勤務して積み上げてきた功労を減殺するものといえるものの、被告の信用失墜には至らなかったことを考慮すると、原告の功労を全部抹消するほどに重大な事由であるとまではいえない。そして、本件改ざん行為の性質、態様及び結果その他本件に顕れた一切の事情

にかんがみると、被告（注：使用者）は、原告に対し、本来の退職金の支給額の2分の1を支給すべきであったといえる。したがって、原告が被告に対し本来の退職金の支給額の2分の1を超えて退職金を請求することは、権利の濫用として許されないといわなければならない。」としました。

〈補足説明〉

退職金は、一般的に賃金の後払い的性格と功労報償的性格を有していると理解されています。

懲戒処分の対象となる非違行為があったとしても、賃金の後払い的性格と判断される部分の退職金については、それを減額する理由にはなり得ません。

他方で、功労報償的性格と判断される部分については、非違行為の程度が功労をどの程度減殺するかが問題となります。

上記裁判例では、そのような理由から、退職金の支給額の2分の1の部分については労働者の非違行為により功労が減殺されたと判断したものという理解となります。

第5章

保全手続

　民事裁判手続においては、訴訟手続において終局的な判断が確定するまでに、その権利の実現を保全するための手続を民事保全法が規定しています。そのため、解雇が無効であることの疎明があり、保全の必要性が認められれば、仮に賃金の支払いを受けることなどができるようになります。

　民事保全法は、保全命令の発令のために「保全の必要性」を要件としていることや、その支払われる賃金はあくまでも仮に支払われるものであるため、通常の訴訟手続とは異なった、民事保全制度に由来する問題点が存在します。

　労働審判が制度化され10年以上が経ち、早期に解決が図れることなど、そのメリットが強調されますが、労働審判では賃金の仮払いを命じることはできず、異議申立により本訴に移行することもあります。そのため、今でも保全手続を利用する必要性は否定されません。

　本章では、解雇だけでなく雇止めも含め、実際に行われた保全命令から、民事保全制度について説明します。

1 保全決定の概要

（1）要件 〜被保全権利と保全の必要性〜

Q

民事保全とはどのような制度ですか。

A

解雇等について、判決による判断を待たずに、使用者に対し、仮に賃金の支払いを命じるものです。

【問題の所在】

労働者は、解雇等を争う場合、民事保全法により、使用者に対して賃金の仮払いを求めることができるようにされています。

もっとも、労働者は、無条件で賃金の仮払いを受けられるのではなく、保全すべき権利又は法律関係（被保全権利）及び保全の必要性を疎明する必要があります。

裁判例：懲戒解雇を理由がないと判断し被保全権利を認めたもの

平成26年8月20日大阪地裁決定（46・なみはや交通（仮処分）事件）は、労働者7名に対する各懲戒解雇について、「本件懲戒処分は、債務者（注：使用者）の経営方針（本件掛金の変更）に反対した本件組合を消滅させるために行われたことが強く推認される。」「本件懲戒処分は、懲戒理由を欠いて行われたものというほかないから、その余の点を検討するまでもなく、無効であると言わなければならない。」と判断し、被保全権利を認めています。

この裁判例で懲戒解雇の有効性が判断されているように、保全手続においては、解雇の有効性や、雇止めが相当といえるかどうかが判断されます。つまり、労働契約に基づく権利又は法律関係があるかどうかが一応判断されることとなります。

　これが認められるということは、本案訴訟の判決を受けるまでに、「被保全権利（賃金の支払いを仮に受け得る地位）」が存在するという要件が満たされることとなります。

　その上で、被保全権利を保全する必要性、つまり、賃金の支払いを仮に受けさせて、著しい損害を避ける必要があるかどうかが判断されます。

裁判例：預金残高、収入の有無及び月々の出費の予定額を検討し保全の必要性を判断したもの

　平成26年8月12日東京地裁決定（**45・東京メトロ（諭旨解雇・仮処分）事件**）は、通勤電車内で痴漢行為をし、罰金20万円となった労働者に対する諭旨解雇について、相当性を欠くと判断し、被保全権利を認めました。

　裁判所は、賃金仮払いの仮処分の保全の必要性について、「債権者（注：労働者）は、配偶者及び子1名と同居しているところ、配偶者は子（1歳）の養育のため専業主婦をしており、収入がないこと、債権者の平成25年分給与所得の源泉徴収票における支払金額は552万0854円であり、同額が収入と認められるところ、債権者は、本件諭旨解雇以降、上記の収入を失っていること、債権者のG銀行E支店における平成26年5月12日時点の預金残高は48万5230円…であり、本件申立て以降、各預金残高は減少しているものと推認できる」「債権者の支出としては、自宅家賃・共益費7万2000円、生命保険1万円、水道光熱費約4万円、通信費約2万5000円、食費約5万円、その他雑費で合計約25万円程度を要することが一応認

められる。」と述べて、疎明資料等から保全の必要性があると判断
しています。

この裁判例のように、資産状況並びに予定される収入及び支出を
前提に、どの範囲で賃金の支払いを仮に命じれば、著しい損害を避
けられるか、つまり、「保全の必要性」が認められるかを判断する
ことが予定されています。

（2）被保全権利 〜保全すべき権利又は法律関係〜

Q

解雇が有効だと認められそうな場合には、賃金の仮払いを求める
仮処分の申立てはどのように判断されますか。

A

保全の必要性を判断するまでもなく、却下されます。

【問題の所在】

解雇等が有効だと判断される見込みであっても、本案訴訟でその
ように判断されるまでには相当の時間を要するのが一般的です。そ
こで、そのような場合にも、保全の必要性があれば、賃金の仮払い
が認められるのでしょうか。

裁判例：解雇権の濫用とは認めなかったもの

平成27年11月27日横浜地裁決定（**73**・コンチネンタル・オート
モーティブ（解雇・仮処分）事件）は、労働者の勤務態度等を理由
とした解雇について、解雇権の濫用にあたるということはできない
としました。

そして、被保全権利について疎明があるということはできないと
判断し、申立てを却下しました（ただし、「念のために」と付言して、

保全の必要性も判断し、それについても認められないとしています）。

裁判例：休職期間満了時における復職可能性を判断したもの

　平成27年1月14日横浜地裁決定（**55**・コンチネンタル・オートモーティブ（仮処分）事件）は、休職期間満了による退職扱いとなったことについて、休職期間満了時に復職可能であったと判断することはできないとし、被保全権利の存在は疎明されていないとして、申立てを却下しました（ただし、これについても、保全の必要性も判断し、それについても認められないとしています）。

　民事保全法13条1項が「保全命令の申立ては、その趣旨並びに保全すべき権利又は法律関係及び保全の必要性を明らかにして、これをしなければならない。」としていますので、被保全権利の存在と保全の必要性が保全のための要件だということができます。
　そのため、一方でも認められなければ、申立ては却下されることとなりますが、被保全権利がなければ、本案で敗訴する可能性が高く、（保全の必要性があっても）賃金の仮払いを認める必要はないということになります。

〈補足説明〉
　なお、上記裁判例は、いずれも、被保全権利の存在が認められないとしながらも保全の必要性について判断していますが、その理由は、即時抗告又は保全異議が申し立てられたときに、被保全権利が認められ保全の必要性の判断をしなければならなくなる場合に備えてのことだと思われます。

❷ 保全の必要性 （賃金の仮払い）

（1）賃金の仮払いの必要性 ～著しい損害又は急迫の危険～

> **Q**
>
> 賃金仮払いの仮処分について、保全の必要性が認められない場合というのはどんなときですか。

> **A**
>
> 資産を有していたり、賃金以外に収入がある場合には保全の必要性が認められません。

【問題の所在】

　労働者が賃金の支払いを受けられなければ、当然に「著しい損害又は急迫の危険」が生じ、保全の必要性が認められるとも思われます。

　しかし、それが否定される場合はあるのでしょうか。

裁判例：資産及び不動産収入を理由に否定したもの

　平成27年11月27日横浜地裁決定（**73**・コンチネンタル・オートモーティブ（解雇・仮処分）事件）は、労働者の勤務態度等を理由として解雇されたものです。

　裁判所は「債権者（注：労働者）には1か月12万6229円の不動産収入があることや、債権者の妻はアルバイトをしており1か月6万円の収入があること、…債権者世帯は合計505万0064円の預金

及び評価額約69万円の株式を保有していること…、A市の標準生計費は3人世帯で19万9339円であることなどに照らすと、債権者の経済状況が、賃金の仮払いがなければ労働契約上の権利を有する地位にあることの確認や賃金の支払いを求める旨の本案訴訟を提起することが著しく困難となる程度まで、急迫の危険が差し迫った状態にあるとまではにわかに認めることができない。」として、保全の必要性について疎明がされていないと判断しました（なお、この裁判例は、被保全権利についても否定しました）。

さらに、上記裁判例の抗告審である平成28年7月7日東京高裁決定（**95**・コンチネンタル・オートモーティブ（解雇・仮処分）事件・抗告審）は、原審を引用した上で、「抗告人（注：労働者）は、平成28年3月時点で、債権者世帯の預貯金額は269万円程度となっていると主張するが、本件解雇からは既に2年以上が経過しているのであって、抗告人としては、これまでの間、本案訴訟を提起することは十分可能な状態であったのであることに照らすと、抗告人の主張する前記事情を考慮しても、仮の地位を定める仮処分命令における保全の必要性の有無についての前記判断を左右するものではない。」と追加して、労働者の即時抗告を棄却しました。

裁判例：傷病手当金の受給を理由に否定したもの

平成27年1月14日横浜地裁決定（**55**・コンチネンタル・オートモーティブ（仮処分）事件）は、休職期間満了による退職扱いとなったものです。

裁判所は「債権者（注：労働者）は、平成26年10月末の時点で預金を26万円ほどしか有していなかったとしても、その後、債権者は1年6か月は受給できる傷病手当金の受給申請を行い、月25万円を超える傷病手当金を受給し、今後も受給できる状況である」

「債権者は…傷病手当金を受給できる場合とできない場合の収入と支出について表を作成するとともに、その根拠となる資料を提出している。これらをみる限り、債権者について、賃金の仮払いを受けなければ生活が困窮し、回復し難い損害を被るおそれがあるとは疎明されない（民事保全法23条2項）ので、保全の必要性は疎明されていない。」と述べ、保全の必要性が認められないと判断しました（なお、この裁判例は、被保全権利についても否定しました）。

裁判例：生活保護の受給にかかわらず肯定したもの

　平成29年1月11日名古屋高裁決定（**108**・ゴールドレチル（抗告）事件）は、退職の合意を認め、被保全権利の疎明を欠くとした原決定（平成28年3月16日岐阜地裁多治見支部決定・**85**）を取り消し、解雇を無効とし、被保全権利を認めたものです。

　裁判所は、使用者が、退職扱いとなってから仮処分決定時までに履行期が到来している賃金については、労働者が現に生計を維持してきたこと及び生活保護を受給していることから、保全の必要性は認められないと主張したことについて「仮処分の審理期間に係る賃金仮払いが認められないのでは、被保全権利が認められるにも関わらず相手方（注：使用者）が争ったために審理を要したことの不利益を抗告人（注：労働者）に負担させることとなり、相当ではない」と述べるとともに、生活保護の受給についても「雇用主に対する賃金支払い請求権を有している場合に給付されることが予定されているものではないことからすれば、抗告人が生活保護を受けている事実を持って保全の必要性が否定されることにはならない。」と述べ、賃金の仮払いを命じました。

（2）仮払いの金額 〜保全の必要性の認められる範囲〜

Q

賃金の仮払いとして認められる金額はいくらぐらいですか。

A

ケースバイケースですが、平均賃金を基準とし、基本的には、月々の必要な支出に対し、賃金以外の収入ないし資産の取崩しによっても不足する金額と考えられているようです。

【問題の所在】

　判決で賃金の支払いを命じられる場合は、平均賃金額を用いることが多いと思われますが、「保全の必要性」という要件からすれば、賃金仮払いの仮処分の場合には、これと異なる金額となるのでしょうか。

裁判例：解雇前10か月の賃金月額の平均額としたもの

　平成29年1月11日名古屋高裁決定（**108**・ゴールドレチル（抗告）事件）は、合意退職を認め、被保全権利の疎明を欠くとした原決定（平成28年3月16日岐阜地裁多治見支部決定・**85**）を取り消し、解雇を無効とし、被保全権利を認めたものです。

　裁判所は、解雇前10か月の賃金月額の平均額をもって、賃金仮払いの金額と認め、仮処分の申立てのあった平成27年9月から本案の第1審判決言渡しに至るまでの賃金の仮払いを命じました。

裁判例：最後の3か月分を基礎としたもの

　平成29年12月25日岐阜地裁多治見支部判決（**132**・エヌ・ティ・ティマーケティングアクト（保全異議）事件）は、労働者6名に対する各有期労働契約（契約期間3か月）の雇止めについて相当では

ないとして、保全の申立てを認めた原決定（平成28年３月15日岐阜地裁決定・84・エヌ・ティ・ティマーケティングアクト（仮処分）事件）の判断のうち、仮払いの金額を変更（減額）して賃金の仮払いを命じたものです。

　原審が労働者それぞれについて異なる期間（７か月ないし９か月）を用いて賃金の平均額を算出し、それを持って仮払額としていたのに対し、裁判所は、「債権者（注：労働者）らの仮払い金額の算出にあたっては、労働基準法12条も考慮して債権者らが支給を受けていた最後の３か月分…の支給金額を基礎とすべきである。」と述べています。

　このような判断となった理由として、労働者に対して支払われたインセンティブ手当（フレッツ光の販売業務に係る成果賃金）の季節による変動が大きく、最後の３か月より前に支給された金額も含めて平均をとった場合、労働者に有利な金額となるため、その点で、使用者との間で主張に争いがあったからです。

　裁判所は「債務者（注：使用者）においては、フレッツ光の販売業務を停止するという方針をとっていたことからすると、債権者らが本件雇止めの後も従前どおりの金額のインセンティブ手当を支給されていたとは認めがたい。」「債権者らがこの期間（注：業務を縮小するよう指示されていた期間。）に得ていたインセンティブ手当を超えた金額を本件雇止めの後も取得できたとは直ちに認められない。」と述べて、上記のとおり最後の３か月分としました。

裁判例：月々の支出額にたばこ代等を含めなかったもの

　平成28年８月９日東京地裁決定（99・国際自動車（再雇用更新拒絶・仮処分第１）事件）は、労働者２名に対する各有期労働契約の雇止めについて、相当ではないと判断したものです。

　裁判所は、賃金の仮払いの保全の必要性を判断するにあたり「労

働者の収入が途絶えたために生じる差し迫った生活の危機を回避するために必要な限りにおいて認められるものであり、債権者（注：労働者）が雇用され収入を得ていた従前と同等の生活状態を維持させることを目的とするものではない。この観点からすれば、そこで想定される債権者の毎月の支出は、生活上不可欠なものに限られ、不要不急の支出は考慮すべきではないと解される。」と述べました。

そして、労働者の毎月の世帯支出を検討し、労働者Ａ１について、「組合からの借入金３万5000円及びたばこ代その他雑費３万数千円は生活上不可欠な支出とは言い難い」と判断しました。

また、労働者Ａ２について、「ガソリン代２万円は高額に過ぎ、趣味（ゴルフ）３万円も生活に不可欠な支出とは言い難い。また、光熱費１万5000円、及び電話通信費１万5000円も、債権者Ａ２が一人暮らしであることを踏まえると高額である。」と判断し、それぞれ、年金収入があることを考慮して、労働者Ａ１については月額５万円、労働者Ａ２については月額８万円の限度で保全の必要性を認めました。

（3）仮払いを命じる期間 〜本案の第１審判決まで？〜

Q

仮払いは、いつまで支払うように命じられるものですか。

A

本案の第一審判決までですが、それとは別に終期を定めることもあります。

【問題の所在】

賃金の仮払いは、「保全の必要性」がある範囲で認められるものですので、第一審判決の言い渡しまで認めれば、それで十分だと思われます。

もっとも、有期労働契約の雇止めの場合のように、それと異なる期間に限定する必要はないのでしょうか。

裁判例：１年間としたもの

　平成26年８月12日東京地裁決定（**45**・東京メトロ（論旨解雇・仮処分）事件）は、通勤電車内で痴漢行為をし、罰金20万円となった労働者に対する論旨解雇が相当性を欠くとして無効と判断したものです。

　裁判所は、賃金の仮払いについて労働者が月額36万円の仮払いを本案判決の日まで求めたのに対して「疎明される債権者（注：労働者）側の収入、資産及び支出の状況に加えて、債権者については平成26年８月から平成27年７月まで（ただし、同月20日より前に本案の第１審判決の言渡しがあった時は、その言渡日まで）、毎月20日限り、月額25万円の賃金の仮払いの限度で保全の必要性があると一応認められる一方で、それ以上の保全の必要性を認めることはできない。」と判断しました。

　この労働契約は、期間の定めのないものでしたが、１年間に限った理由は特に示されていません。

裁判例：３か月の有期労働契約でありながら
##　　　　　終期を設けなかったもの

　平成29年12月25日岐阜地裁多治見支部判決（**132**・エヌ・ティ・ティマーケティングアクト（保全異議）事件）は、労働者６名に対する各有期労働契約（契約期間３か月）の雇止めについて相当ではないとして、保全の申立てを認めた原決定（平成28年３月15日・**84**・エヌ・ティ・ティマーケティングアクト（仮処分）事件）の判断を維持したものです。

　裁判所は、その期間については、雇止めに合理的な理由がないと

の判断から「賃金仮払いの必要性がある期間を、本件各雇用契約の雇用期間とされていた3か月間とするのは相当ではなく、本案訴訟の第1審判決言渡しまでと認めるのが相当である。」と理由を追加して、原決定を維持し、契約期間に限定せず仮払いを命じました。

　なお、6名のうち、2名については定年を理由に退職する時期（更新されない時期）が明確でしたので、最後の契約の終期までの仮払いを命じています。

裁判例：更新後の労働契約の終期までとしたもの

　平成28年8月9日東京地裁決定（**99**・国際自動車（再雇用更新拒絶・仮処分第1）事件）は、労働者2名に対する各有期労働契約の雇止めについて、相当ではないと判断したものです。

　裁判所は、賃金の仮払いの保全の必要性を判断するにあたり、仮払いの終期について「更新されたとみなされる労働契約の終期である平成29年3月まで（ただし、平成29年3月27日より前に本案の第一審判決の言渡しがあったときはその言渡日まで）認めるのが相当である。」などとしました。

　上記の平成29年12月25日岐阜地裁多治見支部判決（**132**・エヌ・ティ・ティマーケティングアクト（保全異議）事件）と異なり、雇用期間に限定して仮払いを命じたのは、労働者2名が、いずれも定年である60歳を超えて締結された有期労働契約であったことを考慮してのことと思われます。

（4）原状回復 ～仮払賃金の返還～

Q

仮処分が取り消された場合、仮払いした賃金はどうなりますか。

A

受領しておく理由がないため、返還義務を負います。

【問題の所在】

仮処分が取り消された場合、使用者としては、労働者が就労する、あるいは本案判決で支払いを命じられない限りは、仮に支払った賃金を支払う理由がなくなったものといえます。

その場合、返還を求められないのでしょうか。

裁判例：民事保全法33条による原状回復を認めたもの

平成28年8月9日東京地裁決定（**99**・国際自動車（再雇用更新拒絶・仮処分第1）事件）は、労働者2名に対する各有期労働契約の雇止めについて、相当ではないと判断し、うち1名の労働者A2については、月額8万円の限度で賃金仮払いの保全の必要性を認めたものです。

ところが、上記決定の労働者A2について申し立てられた保全取消事件である平成29年7月10日東京地裁決定（**125**・国際自動車（仮処分第1・保全取消し）事件）は、保全決定を取り消し、労働者A2に対して、使用者へ72万円を支払うよう命じました。

裁判所は、使用者が上記決定に基づき労働者A2に対し合計72万円を支払ったことを認定した上で「被申立人（注：労働者A2）は、本件決定が発令される前の平成28年6月17日以降、申立人（注：使用者）以外のタクシー会社においてタクシー乗務員として就労し、本件決定で認定された年金収入（注：月額9万円）のほかに、月額

10万円を超える収入を得ていたことが後に判明した。」「保全の必要性を欠いていたことが明らかであるから、本決定には、民事保全法38条1項所定の取消事由があるものと認められる。」「申立人は、被申立人に対し、本件決定に基づき72万円を支払っているから、民事保全法40条1項、33条に基づき、本件決定の取消しとともに、被申立人に対し上記金員の返還（原状回復）を命ずることが相当である。」と述べています。

〈補足説明（最高裁判決）〉

なお、昭和63年3月15日最高裁判決は、「いわゆる賃金の仮払を命ずる仮処分命令…に基づく強制執行によって仮処分債権者が金員の給付（以下「仮払金」という。）を受領した後に右仮処分が控訴審において取り消された場合には、仮処分債権者は、仮払金と対価的関係に立つ現実の就労をしたなどの特段の事情がない限り、仮処分債務者に対し、受領した仮払金につき返還義務を負い…、その範囲は不当利得の規定に準じてこれを定めるべきところ、右の理は、本案訴訟が未確定であり、かつ、従業員としての地位を仮に定める仮処分命令…が同時に発せられていたときであっても同様であると解するのが相当である。」と判示していますので、上記裁判例のような取扱いは当然のものといえます。

❸ 保全の必要性(地位保全)

(1) 地位保全の仮処分
～任意の履行を期待する地位保全～

Q

賃金の仮払いではなく、「労働契約上の権利を有する地位」にあることを仮に定める仮処分が認められる場合はありますか。

A

「保全の必要性」があれば認められる場合もありますが、原則的には認められません。

【問題の所在】

　労働契約に基づく権利関係は、最終的には、判決により確定されることになることからすれば、仮処分においても、仮に労働契約上の権利を有する地位を定める仮処分(地位保全)も当然に認められるのでしょうか。

裁判例：地位保全の必要性を否定したもの

　平成26年8月12日東京地裁決定(**45・東京メトロ(諭旨解雇・仮処分)事件**)は、通勤電車内で痴漢行為をし、罰金20万円となった労働者に対する諭旨解雇が相当性を欠くとして無効と判断したものです。

　裁判所は、賃金の仮払いについては保全の必要性を認めたものの、地位保全については「保全すべき権利の中核である賃金仮払いの保

全がされており、これ以上に地位保全の必要性を認める特段の事情はない。」として認めませんでした。

平成26年8月20日大阪地裁決定（46・なみはや交通（仮処分）事件）は、労働者7名に対する各懲戒解雇について、理由を欠くとしていずれも無効と判断したものです。

裁判所は、賃金の仮払いを命じましたが、地位保全については「強制執行可能な賃金仮払いの仮処分が認容される以上、任意の履行を期待する地位保全の仮処分の必要性を認めるべき事情は見出し難い。」として認めませんでした。

〈補足説明〉

本案の判決においても、労働契約上の権利を有する地位を確認したところで、確認判決である以上、執行力がなく、それを理由とした強制執行は行い得ません。また、就労することは権利ではなく労働契約における労働者の義務（債務）でしかありません。

そのため、就労を実現するには、使用者の任意の履行を期待する以外にないということとなります。そうであれば、仮に地位を定めるという地位保全については、なおのこと、保全の必要性が認められないこととなります。

(2) 地位保全の必要性が認められる場合
〜特段の事情の存在〜

Q

どのような場合に地位保全の必要性が認められますか。

A

社会保険の被保険者資格を継続させる必要がある場合など、特段の事情がある場合に認められることがあります。

【問題の所在】

　労働者からすれば、賃金の支払いを受けることが労働契約の目的といえますので、裁判所が、賃金の仮払いは認めても、地位保全を原則として認めないこともうなずけるところですが、反対に、どのような場合であれば地位保全が認められるでしょうか。

裁判例：社会保険の被保険者資格を理由に認めたもの

　平成28年3月14日津地裁決定（**83**・ジーエル（仮処分）事件）は、労働者3名に対する各有期労働契約の期間途中の解雇を相当でないと判断し、期間経過後の法律関係についても、労働契約法19条2号により更新され継続していると判断したものです。

　裁判所は、賃金の仮払いを認めるとともに、労働契約上の地位保全について、労働者がいずれも外国人であり、6か月間の有期労働契約を反復更新し、社会保険に加入しながら就労しており、その家族らが病院に通院していたこと等を踏まえ「就労機会の確保、社会保険の被保険者資格の継続などの必要性に照らせば、保全の必要性を認めることができる。」と判断しました。

裁判例：准教授という地位の特殊性を理由に認めたもの

　平成27年7月3日静岡地裁決定（**66**・学校法人常葉学園（短大准教授・仮処分）事件）は、労働者に対する懲戒解雇を無効と判断したものです。

　裁判所は、労働者が大学の准教授という立場であったことを踏まえ、地位保全の必要性について「債権者（注：労働者）は准教授であり、その教育・研究活動は単なる労働契約上の労務の提供に止まらない。准教授の地位に基づくゆえになし得る研究や学会活動などがあり、これらは、債務者（注：使用者）が保障するべき労働契約上の利益に該当するから、仮の地位の保全を認めなければ、債権者

に回復し難い著しい損害が生じるというべきである。」と述べて、申立てを認めました。

　上記決定の保全異議事件としての平成28年1月25日静岡地裁決定（**76**・学校法人常葉学園（短大准教授・保全異議）事件）は、原決定の判断を引用の上、被保全権利の判断に理由を追加して、仮処分決定を認可しました。

　上記決定の保全抗告事件としての平成28年9月7日東京高裁決定（**101**・学校法人常葉学園（短大准教授・保全抗告）事件）は、保全の必要性について「相手方（注：労働者）は、教育・研究活動に従事する者であり、抗告人（注：使用者）の教職員の地位を離れては、相手方の教育・研究活動に著しい支障が生ずることは明らかであり、抗告人との間で、労働契約上の権利を有する地位にあることを仮に定めなければ、抗告人に回復し難い著しい損害が生じるものというべきである。」と判断し、抗告を棄却しました。

裁判例：抽象的可能性を主張しただけでは認められなかったもの

　平成26年8月26日大阪地裁決定（**48**・パワー・マーケティング（仮処分）事件）は、雇止めについて、相当ではないと判断したものです。

　裁判所は、労働者が雇止めにより健康保険法に基づく保険給付が受けられなくなり財産上著しい損害が生じると主張したのに対し「債権者（注：労働者）は、上記損害が発生する抽象的可能性を主張立証するに止まるし、健康保険の任意継続や国民健康保険への加入等によっては、上記損害を避けることができないことについての主張立証もないことから、地位保全の必要性が疎明されているとはいえない。」として認めませんでした。

4 賃金仮払いの不履行による役員の損害賠償責任

Q

仮処分の賃金仮払命令に応じなかった場合、どうなりますか。

A

預金等の差押えを受ける可能性があり、会社であれば、役員自身の責任が問われる場合もあります。

【問題の所在】

　判決により賃金の支払いが命じられた場合、それに従わなければ、強制執行により、預金等の差押えを受ける場合があることは、当然のこととして知られています。

　では、賃金の仮払いの仮処分についてはどうなるでしょうか。

> **裁判例**：仮処分決定に対する不履行に
> 　　　　　会社法429条の責任を認めたもの

　平成26年2月20日東京高裁判決（**29**・A式国語教育研究所代表取締役事件）は、仮処分を求めて申し立てられた事件ではありませんが、仮処分決定に基づく賃金の仮払いをしなかったことについて、その取締役の責任を認めた事件です。

　労働者は、会社（使用者）に対して、解雇無効を理由に賃金の仮払いを求め、その仮払命令により強制執行にも及びました。しかし、強制執行も功を奏さなかったため、会社に対する本案訴訟だけでなく、会社の取締役に対して、不法行為及び会社法429条を理由に、損害賠償を求めました。

会社法429条の責任が認められるためには、取締役が、その職務について「悪意又は重大な過失」により損害を生じさせることが必要となります。

　裁判所は、会社に仮払いの支払能力がなかったとはいえないことを前提に、①仮処分により差押えを受けた精算金債権についてその契約を解除したこと、②第三債務者の代表者として、差押債権についてそれが存在しない旨の虚偽の陳述書を裁判所に提出したこと、③会社の口座に代金が入金されると直ちに別口座に送金していること等の事実を認定し、仮払いの不履行に「悪意」があったものと認めました。

　そして、不法行為責任とともに会社法429条の責任も認めました。

　損害としては、未払賃金については損害と認めませんでしたが、慰謝料として20万円の損害を認めています。

〈巻末資料〉

労働契約法（抄）

（労働契約の原則）

第3条　労働契約は、労働者及び使用者が対等の立場における合意に基づいて締結し、又は変更すべきものとする。

2　労働契約は、労働者及び使用者が、就業の実態に応じて、均衡を考慮しつつ締結し、又は変更すべきものとする。

3　労働契約は、労働者及び使用者が仕事と生活の調和にも配慮しつつ締結し、又は変更すべきものとする。

4　労働者及び使用者は、労働契約を遵守するとともに、信義に従い誠実に、権利を行使し、及び義務を履行しなければならない。

5　労働者及び使用者は、労働契約に基づく権利の行使に当たっては、それを濫用することがあってはならない。

（労働契約の成立）

第7条　労働者及び使用者が労働契約を締結する場合において、使用者が合理的な労働条件が定められている就業規則を労働者に周知させていた場合には、労働契約の内容は、その就業規則で定める労働条件によるものとする。ただし、労働契約において、労働者及び使用者が就業規則の内容と異なる労働条件を合意していた部分については、第12条に該当する場合を除き、この限りでない。

（懲戒）

第15条　使用者が労働者を懲戒することができる場合において、当該懲戒が、当該懲戒に係る労働者の行為の性質及び態様その他の事情に照らして、客観的に合理的な理由を欠き、社会通念上相当であると認められない場合は、その権利を濫用したものとして、当該懲戒は、無効とする。

（解雇）

第16条　解雇は、客観的に合理的な理由を欠き、社会通念上相当であると認められない場合は、その権利を濫用したものとして、無効とする。

（契約期間中の解雇等）

第17条　使用者は、期間の定めのある労働契約（以下この章において「有

期労働契約」という。）について、やむを得ない事由がある場合でなければ、その契約期間が満了するまでの間において、労働者を解雇することができない。

2　使用者は、有期労働契約について、その有期労働契約により労働者を使用する目的に照らして、必要以上に短い期間を定めることにより、その有期労働契約を反復して更新することのないよう配慮しなければならない。

（有期労働契約の更新等）

第19条　有期労働契約であって次の各号のいずれかに該当するものの契約期間が満了する日までの間に労働者が当該有期労働契約の更新の申込みをした場合又は当該契約期間の満了後遅滞なく有期労働契約の締結の申込みをした場合であって、使用者が当該申込みを拒絶することが、客観的に合理的な理由を欠き、社会通念上相当であると認められないときは、使用者は、従前の有期労働契約の内容である労働条件と同一の労働条件で当該申込みを承諾したものとみなす。

一　当該有期労働契約が過去に反復して更新されたことがあるものであって、その契約期間の満了時に当該有期労働契約を更新しないことにより当該有期労働契約を終了させることが、期間の定めのない労働契約を締結している労働者に解雇の意思表示をすることにより当該期間の定めのない労働契約を終了させることと社会通念上同視できると認められること。

二　当該労働者において当該有期労働契約の契約期間の満了時に当該有期労働契約が更新されるものと期待することについて合理的な理由があるものであると認められること。

労働基準法（抄）

（解雇制限）

第19条　使用者は、労働者が業務上負傷し、又は疾病にかかり療養のために休業する期間及びその後30日間並びに産前産後の女性が第65条の規定によって休業する期間及びその後30日間は、解雇してはならない。ただし、使用者が、第81条の規定によって打切補償を支払う場合又は

天災事変その他やむを得ない事由のために事業の継続が不可能となった場合においては、この限りでない。

2　前項但書後段の場合においては、その事由について行政官庁の認定を受けなければならない。

（解雇の予告）

第20条　使用者は、労働者を解雇しようとする場合においては、少くとも30日前にその予告をしなければならない。30日前に予告をしない使用者は、30日分以上の平均賃金を支払わなければならない。但し、天災事変その他やむを得ない事由のために事業の継続が不可能となった場合又は労働者の責に帰すべき事由に基いて解雇する場合においては、この限りでない。

2　前項の予告の日数は、1日について平均賃金を支払った場合においては、その日数を短縮することができる。

3　前条第2項の規定は、第1項但書の場合にこれを準用する。

第21条　前条の規定は、左の各号の一に該当する労働者については適用しない。但し、第1号に該当する者が1箇月を超えて引き続き使用されるに至った場合、第2号若しくは第3号に該当する者が所定の期間を超えて引き続き使用されるに至った場合又は第4号に該当する者が14日を超えて引き続き使用されるに至った場合においては、この限りでない。

一　日日雇い入れられる者

二　2箇月以内の期間を定めて使用される者

三　季節的業務に4箇月以内の期間を定めて使用される者

四　試の使用期間中の者

（退職時等の証明）

第22条　労働者が、退職の場合において、使用期間、業務の種類、その事業における地位、賃金又は退職の事由（退職の事由が解雇の場合にあっては、その理由を含む。）について証明書を請求した場合においては、使用者は、遅滞なくこれを交付しなければならない。

2　労働者が、第20条第1項の解雇の予告がされた日から退職の日までの間において、当該解雇の理由について証明書を請求した場合において

は、使用者は、遅滞なくこれを交付しなければならない。ただし、解雇の予告がされた日以後に労働者が当該解雇以外の事由により退職した場合においては、使用者は、当該退職の日以後、これを交付することを要しない。

3　前二項の証明書には、労働者の請求しない事項を記入してはならない。

4　使用者は、あらかじめ第三者と謀り、労働者の就業を妨げることを目的として、労働者の国籍、信条、社会的身分若しくは労働組合運動に関する通信をし、又は第1項及び第2項の証明書に秘密の記号を記入してはならない。

（打切補償）

第81条　第75条の規定によって補償を受ける労働者が、療養開始後3年を経過しても負傷又は疾病がなおらない場合においては、使用者は、平均賃金の1200日分の打切補償を行い、その後はこの法律の規定による補償を行わなくてもよい。

（作成及び届出の義務）

第89条　常時10人以上の労働者を使用する使用者は、次に掲げる事項について就業規則を作成し、行政官庁に届け出なければならない。次に掲げる事項を変更した場合においても、同様とする。

一　始業及び終業の時刻、休憩時間、休日、休暇並びに労働者を2組以上に分けて交替に就業させる場合においては就業時転換に関する事項

二　賃金（臨時の賃金等を除く。以下この号において同じ。）の決定、計算及び支払の方法、賃金の締切り及び支払の時期並びに昇給に関する事項

三　退職に関する事項（解雇の事由を含む。）

三の二　退職手当の定めをする場合においては、適用される労働者の範囲、退職手当の決定、計算及び支払の方法並びに退職手当の支払の時期に関する事項

四　臨時の賃金等（退職手当を除く。）及び最低賃金額の定めをする場合においては、これに関する事項

五　労働者に食費、作業用品その他の負担をさせる定めをする場合においては、これに関する事項

六　安全及び衛生に関する定めをする場合においては、これに関する事項

七　職業訓練に関する定めをする場合においては、これに関する事項

八　災害補償及び業務外の傷病扶助に関する定めをする場合においては、これに関する事項

九　表彰及び制裁の定めをする場合においては、その種類及び程度に関する事項

十　前各号に掲げるもののほか、当該事業場の労働者のすべてに適用される定めをする場合においては、これに関する事項

（作成の手続）

第90条　使用者は、就業規則の作成又は変更について、当該事業場に、労働者の過半数で組織する労働組合がある場合においてはその労働組合、労働者の過半数で組織する労働組合がない場合においては労働者の過半数を代表する者の意見を聴かなければならない。

2　使用者は、前条の規定により届出をなすについて、前項の意見を記した書面を添付しなければならない。

（監督機関に対する申告）

第104条　事業場に、この法律又はこの法律に基いて発する命令に違反する事実がある場合においては、労働者は、その事実を行政官庁又は労働基準監督官に申告することができる。

2　使用者は、前項の申告をしたことを理由として、労働者に対して解雇その他不利益な取扱をしてはならない。

（法令の周知義務）

第106条　使用者は、この法律及びこれに基づく命令の要旨、就業規則、第18条第2項、第24条第1項ただし書、第32条の2第1項、第32条の3、第32条の4第1項、第32条の5第1項、第34条第2項ただし書、第36条第1項、第37条第3項、第38条の2第2項、第38条の3第1項並びに第39条第4項、第6項及び第7項ただし書に規定する協定並びに第38条の4第1項及び第5項に規定する決議を、常時各作業場の見やすい場所へ掲示し、又は備え付けること、書面を交付することその他

の厚生労働省令で定める方法によって、労働者に周知させなければならない。

2　使用者は、この法律及びこの法律に基いて発する命令のうち、寄宿舎に関する規定及び寄宿舎規則を、寄宿舎の見易い場所に掲示し、又は備え付ける等の方法によって、寄宿舎に寄宿する労働者に周知させなければならない。

雇用の分野における男女の均等な機会及び待遇の確保等に関する法律（抄）

（目的）

第1条　この法律は、法の下の平等を保障する日本国憲法の理念にのっとり雇用の分野における男女の均等な機会及び待遇の確保を図るとともに、女性労働者の就業に関して妊娠中及び出産後の健康の確保を図る等の措置を推進することを目的とする。

（基本的理念）

第2条　この法律においては、労働者が性別により差別されることなく、また、女性労働者にあっては母性を尊重されつつ、充実した職業生活を営むことができるようにすることをその基本的理念とする。

2　事業主並びに国及び地方公共団体は、前項に規定する基本的理念に従って、労働者の職業生活の充実が図られるように努めなければならない。

（婚姻、妊娠、出産等を理由とする不利益取扱いの禁止等）

第9条　事業主は、女性労働者が婚姻し、妊娠し、又は出産したことを退職理由として予定する定めをしてはならない。

2　事業主は、女性労働者が婚姻したことを理由として、解雇してはならない。

3　事業主は、その雇用する女性労働者が妊娠したこと、出産したこと、労働基準法（昭和22年法律第49号）第65条第1項の規定による休業を請求し、又は同項若しくは同条第2項の規定による休業をしたことその他の妊娠又は出産に関する事由であって厚生労働省令で定めるものを理

由として、当該女性労働者に対して解雇その他不利益な取扱いをしては
ならない。

4 妊娠中の女性労働者及び出産後1年を経過しない女性労働者に対して
なされた解雇は、無効とする。ただし、事業主が当該解雇が前項に規定
する事由を理由とする解雇でないことを証明したときは、この限りでな
い。

育児休業、介護休業等育児又は家族介護を行う労働者の福祉に関する法律（抄）

（目的）

第1条 この法律は、育児休業及び介護休業に関する制度並びに子の看護
休暇及び介護休暇に関する制度を設けるとともに、子の養育及び家族の
介護を容易にするため所定労働時間等に関し事業主が講ずべき措置を定
めるほか、子の養育又は家族の介護を行う労働者等に対する支援措置を
講ずること等により、子の養育又は家族の介護を行う労働者等の雇用の
継続及び再就職の促進を図り、もってこれらの者の職業生活と家庭生活
との両立に寄与することを通じて、これらの者の福祉の増進を図り、あ
わせて経済及び社会の発展に資することを目的とする。

（不利益取扱いの禁止）

第10条 事業主は、労働者が育児休業申出をし、又は育児休業をしたこ
とを理由として、当該労働者に対して解雇その他不利益な取扱いをして
はならない。

（準用）

第16条 第10条の規定は、介護休業申出及び介護休業について準用する。

労働組合法（抄）

（不当労働行為）

第7条 使用者は、次の各号に掲げる行為をしてはならない。

　一 労働者が労働組合の組合員であること、労働組合に加入し、若しく

はこれを結成しようとしたこと若しくは労働組合の正当な行為をした
ことの故をもって、その労働者を解雇し、その他これに対して不利益
な取扱いをすること又は労働者が労働組合に加入せず、若しくは労働
組合から脱退することを雇用条件とすること。ただし、労働組合が特
定の工場事業場に雇用される労働者の過半数を代表する場合におい
て、その労働者がその労働組合の組合員であることを雇用条件とする
労働協約を締結することを妨げるものではない。

二　使用者が雇用する労働者の代表者と団体交渉をすることを正当な理
由がなくて拒むこと。

三　労働者が労働組合を結成し、若しくは運営することを支配し、若し
くはこれに介入すること、又は労働組合の運営のための経費の支払に
つき経理上の援助を与えること。ただし、労働者が労働時間中に時間
又は賃金を失うことなく使用者と協議し、又は交渉することを使用者
が許すことを妨げるものではなく、かつ、厚生資金又は経済上の不幸
若しくは災厄を防止し、若しくは救済するための支出に実際に用いら
れる福利その他の基金に対する使用者の寄附及び最小限の広さの事務
所の供与を除くものとする。

四　労働者が労働委員会に対し使用者がこの条の規定に違反した旨の申
立てをしたこと若しくは中央労働委員会に対し第27条の12第１項の
規定による命令に対する再審査の申立てをしたこと又は労働委員会が
これらの申立てに係る調査若しくは審問をし、若しくは当事者に和解
を勧め、若しくは労働関係調整法（昭和21年法律第25号）による労
働争議の調整をする場合に労働者が証拠を提示し、若しくは発言をし
たことを理由として、その労働者を解雇し、その他これに対して不利
益な取扱いをすること。

民法（抄）

（基本原則）

第１条　私権は、公共の福祉に適合しなければならない。

2　権利の行使及び義務の履行は、信義に従い誠実に行わなければならな
い。

3　権利の濫用は、これを許さない。

（解除権の行使）

第540条　契約又は法律の規定により当事者の一方が解除権を有するときは、その解除は、相手方に対する意思表示によってする。

2　前項の意思表示は、撤回することができない。

（期間の定めのある雇用の解除）

第626条　雇用の期間が5年を超え、又はその終期が不確定であるときは、当事者の一方は、5年を経過した後、いつでも契約の解除をすることができる。

2　前項の規定により契約の解除をしようとする者は、それが使用者であるときは3箇月前、労働者であるときは2週間前に、その予告をしなければならない。

（期間の定めのない雇用の解約の申入れ）

第627条　当事者が雇用の期間を定めなかったときは、各当事者は、いつでも解約の申入れをすることができる。この場合において、雇用は、解約の申入れの日から2週間を経過することによって終了する。

2　期間によって報酬を定めた場合には、使用者からの解約の申入れは、次期以後についてすることができる。ただし、その解約の申入れは、当期の前半にしなければならない。

3　6箇月以上の期間によって報酬を定めた場合には、前項の解約の申入れは、3箇月前にしなければならない。

（やむを得ない事由による雇用の解除）

第628条　当事者が雇用の期間を定めた場合であっても、やむを得ない事由があるときは、各当事者は、直ちに契約の解除をすることができる。この場合において、その事由が当事者の一方の過失によって生じたものであるときは、相手方に対して損害賠償の責任を負う。

（雇用の更新の推定等）

第629条　雇用の期間が満了した後労働者が引き続きその労働に従事する場合において、使用者がこれを知りながら異議を述べないときは、従前の雇用と同一の条件で更に雇用をしたものと推定する。この場合におい

て、各当事者は、第627条の規定により解約の申入れをすることができる。

2　従前の雇用について当事者が担保を供していたときは、その担保は、期間の満了によって消滅する。ただし、身元保証金については、この限りでない。

（雇用の解除の効力）
第630条　第620条の規定は、雇用について準用する。

（使用者についての破産手続の開始による解約の申入れ）
第631条　使用者が破産手続開始の決定を受けた場合には、雇用に期間の定めがあるときであっても、労働者又は破産管財人は、第627条の規定により解約の申入れをすることができる。この場合において、各当事者は、相手方に対し、解約によって生じた損害の賠償を請求することができない。

民事訴訟法（抄）

（時機に後れた攻撃防御方法の却下等）
第157条　当事者が故意又は重大な過失により時機に後れて提出した攻撃又は防御の方法については、これにより訴訟の完結を遅延させることとなると認めたときは、裁判所は、申立てにより又は職権で、却下の決定をすることができる。

2　攻撃又は防御の方法でその趣旨が明瞭でないものについて当事者が必要な釈明をせず、又は釈明をすべき期日に出頭しないときも、前項と同様とする。

民事保全法（抄）

（趣旨）
第1条　民事訴訟の本案の権利の実現を保全するための仮差押え及び係争物に関する仮処分並びに民事訴訟の本案の権利関係につき仮の地位を定めるための仮処分（以下「民事保全」と総称する。）については、他の

法令に定めるもののほか、この法律の定めるところによる。

（申立て及び疎明）
第13条　保全命令の申立ては、その趣旨並びに保全すべき権利又は権利
　　関係及び保全の必要性を明らかにして、これをしなければならない。
2　保全すべき権利又は権利関係及び保全の必要性は、疎明しなければな
　　らない。

（原状回復の裁判）
第33条　仮処分命令に基づき、債権者が物の引渡し若しくは明渡し若し
　　くは金銭の支払を受け、又は物の使用若しくは保管をしているときは、
　　裁判所は、債務者の申立てにより、前条第1項の規定により仮処分命令
　　を取り消す決定において、債権者に対し、債務者が引き渡し、若しくは
　　明け渡した物の返還、債務者が支払った金銭の返還又は債権者が使用若
　　しくは保管をしている物の返還を命ずることができる。

（事情の変更による保全取消し）
第38条　保全すべき権利若しくは権利関係又は保全の必要性の消滅その
　　他の事情の変更があるときは、保全命令を発した裁判所又は本案の裁判
　　所は、債務者の申立てにより、保全命令を取り消すことができる。
2　前項の事情の変更は、疎明しなければならない。
3　第16条本文、第17条並びに第32条第2項及び第3項の規定は、第1
　　項の申立てについての決定について準用する。

（保全異議の規定の準用等）
第40条　第27条から第29条まで、第31条及び第33条から第36条までの
　　規定は、保全取消しに関する裁判について準用する。ただし、第27条
　　から第29条まで、第31条、第33条、第34条及び第36条の規定は、第
　　37条第1項の規定による裁判については、この限りでない。
2　前項において準用する第27条第1項の規定による裁判は、保全取消
　　しの申立てが保全命令を発した裁判所以外の本案の裁判所にされた場合
　　において、事件の記録が保全命令を発した裁判所に存するときは、その
　　裁判所も、これをすることができる。

会社分割に伴う労働契約の承継等に関する法律（抄）

（労働者等への通知）

第2条 会社（株式会社及び合同会社をいう。以下同じ。）は、会社法第
5編第3章及び第5章の規定による分割（吸収分割又は新設分割をいう。
以下同じ。）をするときは、次に掲げる労働者に対し、通知期限日までに、
当該分割に関し、当該会社が当該労働者との間で締結している労働契約
を当該分割に係る承継会社等（吸収分割にあっては同法第757条に規定
する吸収分割承継会社、新設分割にあっては同法第763条第1項に規定
する新設分割設立会社をいう。以下同じ。）が承継する旨の分割契約等（吸
収分割にあっては吸収分割契約（同法第757条の吸収分割契約をいう。
以下同じ。）、新設分割にあっては新設分割計画（同法第762条第1項の
新設分割計画をいう。以下同じ。）をいう。以下同じ。）における定めの
有無、第4条第3項に規定する異議申出期限日その他厚生労働省令で定
める事項を書面により通知しなければならない。

一 当該会社が雇用する労働者であって、承継会社等に承継される事業
に主として従事するものとして厚生労働省令で定めるもの

二 当該会社が雇用する労働者（前号に掲げる労働者を除く。）であって、
当該分割契約等にその者が当該会社との間で締結している労働契約を
承継会社等が承継する旨の定めがあるもの

2 前項の分割をする会社（以下「分割会社」という。）は、労働組合法（昭
和24年法律第174号）第2条の労働組合（以下単に「労働組合」という。）
との間で労働協約を締結しているときは、当該労働組合に対し、通知期
限日までに、当該分割に関し、当該労働協約を承継会社等が承継する旨
の当該分割契約等における定めの有無その他厚生労働省令で定める事項
を書面により通知しなければならない。

3 前二項及び第4条第3項第1号の「通知期限日」とは、次の各号に掲
げる場合に応じ、当該各号に定める日をいう。

一 株式会社が分割をする場合であって当該分割に係る分割契約等につ
いて株主総会の決議による承認を要するとき 当該株主総会（第4条
第3項第1号において「承認株主総会」という。）の日の2週間前の
日の前日

二 株式会社が分割をする場合であって当該分割に係る分割契約等につ
いて株主総会の決議による承認を要しないとき又は合同会社が分割を

する場合　吸収分割契約が締結された日又は新設分割計画が作成された日から起算して、2週間を経過する日

（承継される事業に主として従事する労働者に係る労働契約の承継）
第3条　前条第1項第1号に掲げる労働者が分割会社との間で締結している労働契約であって、分割契約等に承継会社等が承継する旨の定めがあるものは、当該分割契約等に係る分割の効力が生じた日に、当該承継会社等に承継されるものとする。

商法附則（平成12年5月31日法律第90号）（抄）

（労働契約の取扱いに関する措置）
第5条　会社法（平成17年法律第86号）の規定に基づく会社分割に伴う労働契約の承継に関しては、会社分割をする会社は、会社分割に伴う労働契約の承継等に関する法律（平成12年法律第103号）第2条第1項の規定による通知をすべき日までに、労働者と協議をするものとする。
2　前項に規定するもののほか、同項の労働契約の承継に関連して必要となる労働者の保護に関しては、別に法律で定める。

参考裁判例一覧

番号	事件名	裁判所	判決・決定 年月日			労働判例 掲載号・頁		本書掲載 頁
1	アイガー事件	東京地裁	H24	12	28	1121	81	145
2	伊藤忠商事事件	東京地裁	H25	1	31	1083	83	94
3	日本相撲協会（「故意による無気力相撲」・解雇）事件	東京地裁	H25	3	25	1079	152	168、170
4	日本郵便（苫小牧支店・時給制契約社員A雇止め）事件	札幌地裁	H25	3	28	1082	66	126
5	とうかつ中央農協事件	千葉地裁 松戸支部	H25	4	19	1111	61	183
6	イーハート事件	東京地裁	H25	4	24	1084	84	175、177
7	大阪運輸振興（嘱託自動車運転手・解雇）事件	大阪地裁	H25	6	20	1085	87	148
8	乙山商会事件	大阪地裁	H25	6	21	1081	19	180、182、210
9	ファニメディック事件	東京地裁	H25	7	23	1080	5	139
10	日本郵便（苫小牧支店・時給制契約社員B雇止め）事件	札幌地裁	H25	7	30	1082	24	118
11	ザ・キザン・ヒロ事件	さいたま地裁	H25	7	30	1090	72	111、115
12	ロイズ・ジャパン事件	東京地裁	H25	9	11	1087	63	111、114、123
13	社会保険労務士法人パートナーズほか事件	福岡地裁	H25	9	19	1086	87	141
14	石川タクシー富士宮ほか事件	静岡地裁 沼津支部	H25	9	25	1127	57	130、133、158
15	カール・ハンセン＆サンジャパン事件	東京地裁	H25	10	4	1085	50	101、102

巻末資料

番号	事件名	裁判所	判決・決定年月日			労働判例掲載号・頁		本書掲載頁
16	とうかつ中央農協事件	東京高裁	H25	10	10	1111	53	183
17	学校法人A学院ほか事件	大阪地裁	H25	11	8	1085	36	173
18	ザ・キザン・ヒロ事件	東京高裁	H25	11	13	1090	68	111、115
19	大阪運輸振興（解雇）事件	大阪地裁	H25	11	15	1089	91	107
20	芝ソフト事件	東京地裁	H25	11	21	1091	74	61、180
21	学校法人専修大学（専大北海道短大）事件	札幌地裁	H25	12	2	1100	70	121
22	トラベルイン事件	東京地裁	H25	12	17	1091	93	55
23	ソーシャルサービス協会事件	東京地裁	H25	12	18	1094	80	112、120
24	ミスクジャパン事件	東京地裁	H25	12	27	1095	86	128、131
25	ジヤコス事件	東京地裁	H26	1	21	1097	87	140
26	トライコー事件	東京地裁	H26	1	30	1097	75	70、109、162
27	学校法人越原学園（名古屋女子大学）事件	名古屋地裁	H26	2	13	1101	71	78
28	日本郵便（苫小牧支店・時給制契約社員A雇止め）事件	札幌高裁	H26	2	14	1093	74	126
29	A式国語教育研究所代表取締役事件	東京高裁	H26	2	20	1100	48	234
30	学校法人金蘭会学園事件	大阪地裁	H26	2	25	1093	14	109、113
31	A住宅福祉協会事件	東京地裁	H26	2	25	1101	62	160、208
32	エム・シー・アンド・ピー事件	京都地裁	H26	2	27	1092	6	31、37
33	日本郵便（苫小牧支店・時給制契約社員B雇止め）事件	札幌高裁	H26	3	13	1093	5	118
34	コンビニA事件	大阪地裁堺支部	H26	3	25	1109	87	43

番号	事件名	裁判所	判決・決定 年月日			労働判例 掲載号・頁		本書掲載 頁
35	海空運健康保険組合事件	東京地裁	H26	4	11	1122	47	75
36	学校法人大乗淑徳学園事件	さいたま 地裁	H26	4	22	1109	83	53、77
37	NHK神戸放送局（地域スタッフ）事件	神戸地裁	H26	6	5	1098	5	65、164
38	石川タクシー富士宮ほか事件	東京高裁	H26	6	12	1127	43	130、133、158
39	ザ・トーカイ（本訴・懲戒解雇）事件	東京地裁	H26	7	4	1109	66	210
40	学校法人越原学園（名古屋女子大学）事件	名古屋 高裁	H26	7	4	1101	65	39、78
41	社会福祉法人県民厚生会ほか事件	静岡地裁	H26	7	9	1105	57	30、32
42	資生堂ほか1社事件	横浜地裁	H26	7	10	1103	23	126
43	A住宅福祉協会事件	東京高裁	H26	7	10	1101	51	160、208
44	帝産キャブ奈良（解雇）事件	奈良地裁	H26	7	17	1102	18	129、132
45	東京メトロ（諭旨解雇・仮処分）事件	東京地裁	H26	8	12	1104	64	189、197、205、217、226、230
46	なみはや交通（仮処分）事件	大阪地裁	H26	8	20	1105	75	40、216、231
47	ワークスアプリケーションズ事件	東京地裁	H26	8	20	1111	84	90、103
48	パワー・マーケティング（仮処分）事件	大阪地裁	H26	8	26	1109	58	233
49	ヒューマンコンサルティングほか事件	横浜地裁	H26	8	27	1114	143	134
50	学校法人金蘭会学園事件	大阪高裁	H26	10	7	1106	88	109、113

番号	事件名	裁判所	判決・決定 年月日			労働判例 掲載号・頁		本書掲載 頁
51	WILLER EXPRESS西　日本事件	大阪地裁	H26	10	10	1111	17	195
52	東京エムケイ（損害賠償請求）事件	東京地裁	H26	11	12	1115	72	54、204
53	アメックス（休職期間満了）事件	東京地裁	H26	11	26	1112	47	104
54	学校法人早稲田大学（解雇）事件	東京地裁	H26	12	24	1116	86	163
55	コンチネンタル・オートモーティブ（仮処分）事件	横浜地裁	H27	1	14	1120	94	97、219、221
56	東京都・都労委（三幸自動車）事件	東京地裁	H27	1	19	1115	5	41
57	日本ボクシングコミッション事件	東京地裁	H27	1	23	1117	50	207
58	日本航空（客室乗務員）事件	大阪地裁	H27	1	28	1126	58	124
59	Ｉ社事件	静岡地裁 沼津支部	H27	3	13	1119	24	95
60	海空運健康保険組合事件	東京高裁	H27	4	16	1122	40	75
61	ブルームバーグ・エル・ピー（強制執行不許等）事件	東京地裁	H27	5	28	1121	38	89、91、156
62	日本ヒューレット・パッカード（休職期間満了）事件	東京地裁	H27	5	28	1162	73	92
63	KPIソリューションズ事件	東京地裁	H27	6	2	1143	75	151、153
64	学校法人専修大学事件	最高裁	H27	6	8	1118	18	34
65	サカキ運輸ほか（法人格濫用）事件	長崎地裁	H27	6	16	1121	20	38、135

番号	事件名	裁判所	判決・決定 年月日			労働判例 掲載号・頁		本書掲載 頁
66	学校法人常葉学園（短大准教授・仮処分）事件	静岡地裁	H27	7	3	1154	63	232
67	学校法人杉森学園事件	福岡地裁	H27	7	29	1132	76	112、115、124
68	一般財団法人厚生年金事業振興団事件	東京地裁	H27	9	18	1139	42	130
69	医療法人社団康心会事件	東京高裁	H27	10	7	1168	55	86
70	エヌ・ティ・ティ・ソルコ事件	横浜地裁	H27	10	15	1126	5	116
71	ジブラルタ生命（旧エジソン生命）事件	名古屋地裁	H27	10	22	1159	30	191
72	住吉神社ほか事件	福岡地裁	H27	11	11	1152	69	67、69
73	コンチネンタル・オートモーティブ（解雇・仮処分）事件	横浜地裁	H27	11	27	1151	70	70、74、218、220
74	東京メトロ（諭旨解雇・本訴）事件	東京地裁	H27	12	25	1133	5	198、205、208
75	大王製紙事件	東京地裁	H28	1	14	1140	68	190
76	学校法人常葉学園（短大准教授・保全異議）事件	静岡地裁	H28	1	25	1154	61	233
77	サカキ運輸ほか（法人格濫用）事件	福岡高裁	H28	2	9	1143	67	39、136
78	石長事件	京都地裁	H28	2	12	1151	77	103
79	一般財団法人厚生年金事業振興団事件	東京高裁	H28	2	17	1139	37	130
80	日本ヒューレット・パッカード（休職期間満了）事件	東京高裁	H28	2	25	1162	52	92、94
81	野村證券事件	東京地裁	H28	2	26	1136	32	176、187
82	空調服事件	東京地裁	H28	3	8	1145	28	140、142

番号	事件名	裁判所	判決・決定 年月日			労働判例 掲載号・頁		本書掲載 頁
83	ジーエル（仮処分）事件	津地裁	H28	3	14	1152	33	112、116、 127、149、232
84	エヌ・ティ・ティマーケティングアクト（仮処分）事件	岐阜地裁	H28	3	15	1185	79	224、226
85	ゴールドレチル（仮処分）事件	岐阜地裁 多治見支部	H28	3	16	1156	25	222、223
86	ネギシ事件	東京地裁	H28	3	22	1145	130	47
87	日本航空（客室乗務員）事件	大阪高裁	H28	3	24	1167	94	124
88	日本アイ・ビー・エム（解雇・第1）事件	東京地裁	H28	3	28	1142	40	64、73
89	Ｏ公立大学法人（Ｏ大学・准教授）事件	京都地裁	H28	3	29	1146	65	56
90	メルファインほか事件	京都地裁	H28	4	15	1143	52	66
91	無洲事件	東京地裁	H28	5	30	1149	72	171
92	学校法人武相学園（高校）事件	横浜地裁	H28	6	14	1181	67	36
93	ケー・アイ・エスほか事件	東京地裁	H28	6	15	1189	156	35、127
94	Agape事件	東京地裁	H28	7	1	1149	35	154
95	コンチネンタル・オートモーティブ（解雇・仮処分）事件	東京高裁	H28	7	7	1151	60	70、74、221
96	クレディ・スイス証券（懲戒解雇）事件	東京地裁	H28	7	19	1150	16	200
97	ジーエル（保全異議）事件	津地裁	H28	7	25	1152	26	112、116、 127、149
98	空調服事件	東京高裁	H28	8	3	1145	21	140、142、143

番号	事件名	裁判所	判決・決定 年月日			労働判例 掲載号・頁		本書掲載 頁
99	国際自動車（再雇用更新拒絶・仮処分第1）事件	東京地裁	H28	8	9	1149	5	224、227、228
100	東芝（うつ病・解雇・差戻審）事件	東京高裁	H28	8	31	1147	62	28
101	学校法人常葉学園（短大准教授・保全抗告）事件	東京高裁	H28	9	7	1154	48	233
102	綜企画設計事件	東京地裁	H28	9	28	1189	84	105
103	日立コンサルティング事件	東京地裁	H28	10	7	1155	54	49、84
104	ネギシ事件	東京高裁	H28	11	24	1158	140	48
105	ケー・アイ・エスほか事件	東京高裁	H28	11	30	1189	148	35
106	医療法人貴医会事件	大阪地裁	H28	12	9	1162	84	213
107	ドリームエクスチェンジ事件	東京地裁	H28	12	28	1161	66	194、201
108	ゴールドレチル（抗告）事件	名古屋高裁	H29	1	11	1156	18	222、223
109	学校法人常葉学園（短大准教授・本訴）事件	静岡地裁	H29	1	20	1155	77	169、170、186、199
110	NPO法人B会ほか事件	長崎地裁	H29	2	21	1165	65	79
111	NECソリューションイノベータ事件	東京地裁	H29	2	22	1163	77	58、68、69、74
112	国立研究開発法人国立A医療研究センター（病院）事件	東京地裁	H29	2	23	1180	99	63、72、162
113	野村證券事件	東京高裁	H29	3	9	1160	28	176、187、188
114	ジブラルタ生命（旧エジソン生命）事件	名古屋高裁	H29	3	9	1159	16	191
115	NPO法人H事件	大阪地裁	H29	3	24	1163	40	165
116	エイボン・プロダクツ事件	東京地裁	H29	3	28	1164	71	137

巻末資料

番号	事件名	裁判所	判決・決定年月日			労働判例掲載号・頁		本書掲載頁
117	NHK（名古屋放送局）事件	名古屋地裁	H29	3	28	1161	46	100
118	学校法人D学園事件	さいたま地裁	H29	4	6	1176	27	82、88、151
119	日本コクレア事件	東京地裁	H29	4	19	1166	82	80
120	学校法人東京純心女子学園（東京純心大学）事件	東京地裁	H29	4	21	1172	70	146
121	学校法人武相学園（高校）事件	東京高裁	H29	5	17	1181	54	36
122	コンチネンタル・オートモーティブ事件	横浜地裁	H29	6	6	1196	68	98
123	シュプリンガー・ジャパン事件	東京地裁	H29	7	3	1178	70	45
124	医療法人社団康心会事件	最高裁	H29	7	7	1168	49	86、88
125	国際自動車（仮処分第1・保全取消し）事件	東京地裁	H29	7	10	1170	87	228
126	A不動産事件	広島高裁	H29	7	14	1170	5	52、178、211
127	日本アイ・ビー・エム（解雇・第5）事件	東京地裁	H29	9	14	1183	54	42、161
128	国立大学法人群馬大学事件	前橋地裁	H29	10	4	1175	71	202
129	学校法人D学園事件	東京高裁	H29	10	18	1176	18	82、88、89、150、153
130	コンチネンタル・オートモーティブ事件	東京高裁	H29	11	15	1196	63	98
131	日本マイクロソフト事件	東京地裁	H29	12	15	1182	54	33
132	エヌ・ティ・ティマーケティングアクト事件	岐阜地裁多治見支部	H29	12	25	1185	38	117、223、226、227
133	NPO法人B会ほか事件	福岡高裁	H30	1	19	1178	21	78、80

番号	事件名	裁判所	判決・決定 年月日			労働判例 掲載号・頁		本書掲載 頁
134	名港陸運事件	名古屋 地裁	H30	1	31	1182	38	96
135	社会福祉法人佳徳会事件	熊本地裁	H30	2	20	1193	52	144
136	国立研究開発法人国立循環 器病研究センター事件	大阪地裁	H30	3	7	1177	5	191、193、203
137	神奈川SR経営労務セン ター事件	横浜地裁	H30	5	10	1187	39	98
138	KDDI事件	東京地裁	H30	5	30	1192	40	206
139	NHK（名古屋放送局）事 件	名古屋 高裁	H30	6	26	1189	51	100
140	ジャパンビジネスラボ	東京高裁	R1	11	28	1215	5	184

著 者 略 歴

中野　公義（なかの　きみよし）

昭和52（1977）年生まれ　福岡県出身。

【著者略歴】
1996年　福岡県立筑紫丘高等学校普通科卒業
2000年　東京工業大学理学部応用物理学科卒業
2001年　福井労働局福井労働基準監督署　労働基準監督官
2003年　同局武生労働基準監督署　労働基準監督官
2004年　厚生労働省労働基準局　労災補償部補償課通勤災害係
2006年　同省政策統括官（労働担当）労使関係担当参事官室4係
2008年　同省退職
2009年　平成21年度旧司法試験最終合格
2010年　第64期司法修習生
2011年　司法修習修了
2011年　弁護士登録（福岡県弁護士会　登録番号44216）
2011年　独立開業（なかのきみよし法律事務所）

【セミナー等講師歴】
2011年　福岡県社労士会　司法研修部会　研修
2012年　福岡県社労士会　福岡支部南支会　研修
2014年　熊本県社労士会　研修
2014年　福岡県弁護士会　労働法制研修会　研修
2015年　福井県社労士会　研修
2015年〜2019年　大野城市商工会　弁護士による講習会
2016年　熊本県社労士会　西支部　研修
2012年〜2016年　特定社労士実践塾　第1研修
2017年　社労士法人ジャスティス　企業向けセミナー
2017年〜現在　無敵の社労士実践会　社労士向け研修
2018年　労働新聞社　購読者向けセミナー
2018年　社労士法人ジャスティス　企業向けセミナー
2019年　大分県労働基準協会　研修

〔解雇〕
裁判所の判断がスグわかる本　　　令和2年9月20日　初版発行

日本法令Ⓡ

検印省略

著　者　中　野　公　義
発行者　青　木　健　次
編集者　岩　倉　春　光
印刷所　神　谷　印　刷
製本所　国　宝　社

〒101-0032
東京都千代田区岩本町1丁目2番19号
https://www.horei.co.jp/

（営　業）　TEL　03-6858-6967　　Eメール　syuppan@horei.co.jp
（通　販）　TEL　03-6858-6966　　Eメール　book.order@horei.co.jp
（編　集）　FAX　03-6858-6957　　Eメール　tankoubon@horei.co.jp
（バーチャルショップ）　https://www.horei.co.jp/iec/
（お詫びと訂正）　https://www.horei.co.jp/book/owabi.shtml
（書籍の追加情報）　https://www.horei.co.jp/book/osirasebook.shtml

※万一、本書の内容に誤記等が判明した場合には、上記「お詫びと訂正」に最新情報を掲載しております。ホームページに掲載されていない内容につきましては、FAXまたはEメールで編集までお問合せください。

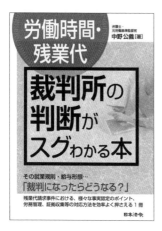